Musée d'Orsay

GUIDE

DE POCHE

Illustrations de couverture :
Edgar Degas, *Dans un café* (n° 31) ;
Édouard Manet, *Olympia* (n° 19) ;
Vincent Van Gogh, *Portrait de l'artiste*
(n° 46) ; Paul Gauguin, *Arearea* (n° 51).

© Réunion des musées nationaux, 1996,
49, rue Étienne-Marcel, 75001 Paris
GG 10 3387
ISBN 2-7118-3387-9

Ceci est un vrai petit guide de la visite.

Il existe un guide du musée d'Orsay, fort bien fait, qui présente de manière très complète l'ensemble des collections en faisant appel à l'histoire de l'art pour situer les œuvres dans leur contexte, en donnant les éléments indispensables à la connaissance de la période 1848-1914.

Plus modeste mais, espérons-le, aussi utile, le livre que vous avez entre les mains est un outil léger, à garder pendant toute votre visite et à consulter devant les œuvres. Nous en avons choisi quatre-vingt-deux – des œuvres majeures, de peintres, de sculpteurs, d'artistes représentant les différents courants et les différentes époques de ce demi-siècle artistique. À l'intérieur de ce choix, qui suit l'ordre du parcours du musée et la numérotation des salles, vous pourrez refaire le vôtre.

Pour chacune de ces œuvres vous trouverez une notice claire et brève, destinée à vous aider simplement à comprendre et à mieux voir. Que Daumier sculpte de mémoire des parlementaires après les avoir observés pendant les séances à la Chambre, que Bazille peigne dans la dure lumière de Montpellier, ou que Camille Claudel représente ses propres amours et ses propres souffrances dans *L'âge mûr* est déterminant pour leur art : l'histoire de l'artiste, de son travail, de l'œuvre sont ici présents, mais réduits à l'indispensable. Quelques remarques iconographiques ou plastiques attireront aussi votre attention sur tel ou tel aspect de l'œuvre elle-même, quand cela nous a paru nécessaire.

Nous espérons que ce livre vous aidera pendant votre visite et qu'il vous donnera le goût de la poursuivre, ou de la renouveler.

Nicole SAVY
Chef du service culturel

François R<small>UDE</small>

1784 – 1855

Génie de la Patrie

(1836) Une vingtaine d'années après la chute de Napoléon Ier, on décida d'achever l'arc de triomphe commencé sous l'Empire. Quatre grands hauts-reliefs devaient orner les piédroits du monument. Parmi eux figure *Le Départ des volontaires en 1792*, réalisé par François Rude. Dans cette composition d'une incomparable puissance, un génie ailé, allégorie de la patrie, conduit au combat un groupe de volontaires prêts à se sacrifier pour sauver la liberté : en 1792, la France étant envahie, l'Assemblée avait déclaré la patrie en danger et fait appel aux volontaires, qui affluèrent à Paris de tout le pays. « La Marseillaise » devint leur chant. La monarchie fut renversée, les combats commencèrent aux frontières : ce fut bientôt la victoire de Valmy.

Cette tête de la Patrie a été moulée sur l'arc de triomphe de l'Étoile. En fervent romantique, Rude traduit l'exaltation par de forts contrastes d'ombre et de lumière. La bouche largement ouverte, les yeux exorbités, les sourcils froncés traduisent le furieux élan de patriotisme qui résonne dans l'hymne national. Cette œuvre a soulevé des polémiques, directement issues des passions de l'époque révolutionnaire : certains ont qualifié le génie de « mégère en furie », mais cette tête est devenue un mythe sous le nom de *Marseillaise*.

Antoine-Louis BARYE

1796 – 1875

Lion assis

(1847) Barye est célèbre pour ses scènes de lutte entre animaux sauvages, qui figurent parmi les productions majeures du romantisme en sculpture : fauves aux prises avec des serpents, jaguars dévorant des lièvres...

La taille et l'allure imposantes de ce lion s'accordent bien avec la représentation d'un animal qui a toujours symbolisé la puissance et la majesté. Mais Barye ne se contente pas d'exalter le caractère épique de son sujet : c'est aussi un observateur attentif. Au jardin des Plantes, il fréquentait assidûment les cours d'anatomie comparée du Muséum d'histoire naturelle ; comme Delacroix, il dessinait les animaux de la ménagerie et prenait même des dimensions sur les fauves morts.

James PRADIER

1790 – 1852

Sapho

(1852) Classique par le traitement du vêtement et du visage, cette sculpture de Pradier témoigne d'un esprit romantique par l'attitude du personnage, la poétesse Sapho qui vécut à la fin du VIIe siècle et au début du VIe siècle avant J.-C. dans l'île de Lesbos, en Grèce. Elle animait une confrérie de jeunes filles placée sous la protection d'Aphrodite et des Muses, où on étudiait la poésie, la musique et la danse. Les Grecs avaient beaucoup de considération pour son talent lyrique. Au XXe siècle, on retint surtout d'elle les odes dans lesquelles elle a célébré l'amour, la beauté et la grâce féminine. Jusqu'au XIXe siècle, les artistes représentaient plutôt l'épisode de sa mort. Selon la tradition, amoureuse du berger Phaon qui la dédaignait, elle se serait suicidée en se jetant dans la mer du haut du rocher de Leucade. Pradier y fait allusion à travers les vagues qui recouvrent le socle de la statue.

La poétesse est représentée comme une figure méditative, emblématique de la mélancolie, qui est indissociable de toute création selon la tradition romantique. La lyre qui figure à son côté contribue à donner au personnage une dimension allégorique : c'est la Poésie elle-même qui s'incarne dans la jeune femme. Pradier avait d'abord présenté son sujet sous la forme d'un petit bronze au Salon de 1848. Le succès de l'édition le conduisit à réaliser un marbre grandeur nature. Le sculpteur mourut peu après. On recouvrit alors la statue d'un crêpe noir et c'est ainsi qu'elle fut présentée aux visiteurs du Salon de 1852.

Jean-Auguste Dominique Iɴɢʀᴇs

1780 – 1867

La source

(1820-1856) Dans la mythologie grecque, la nature est peuplée et animée de divinités secondaires. Ainsi les naïades accompagnent-elles les sources. Dans les représentations antiques, elles sont souvent appuyées sur une urne penchée – tradition qu'a retenue Ingres dans sa toile. La jeune fille personnifie la source, allégorie renforcée par le triple filet d'eau qui s'échappe de sa cruche.

Ingres inscrivit ainsi cette œuvre dans la tradition néoclassique dont il était, depuis la mort de David, le chef de file. Il a rendu les formes du corps féminin avec un degré d'idéalisme qui en gomme toutes les imperfections naturelles. Ce qui l'a intéressé avant tout ici, c'est la fluidité des courbes qui dessinent avec délicatesse les formes de la jeune fille, et sont comme un écho au thème de l'eau.

La toile fut comparée aux œuvres du plus célèbre des sculpteurs grecs,

Phidias. Un critique fit la louange des « formes admirables », des « contours gracieux » qui « atteignent un si haut degré de perfection idéale qu'aucune des confidences sincères de cette délicate beauté ne choque la pudeur ». La figure de la jeune fille semble placée dans une niche et la sobriété de la gamme des couleurs renforce son allure de sculpture peinte.

Auguste PRÉAULT

1809 – 1879

Ophélie

(modèle : avant 1843 -
bronze : 1876) « Je ne suis
pas pour le fini, je suis pour
l'infini. » Cette prise de position du
sculpteur Préault peut paraître
paradoxale quand on pense à la
nécessaire finitude de la sculpture,
art qui se définit matériellement
dans l'espace avec une force imma-
nente, peut-être plus imposante
encore que celle de la peinture,
jouant davantage avec les pièges
de l'illusion.

Ophélie est représentée après sa
noyade, dérivant au fil de l'eau.
Les yeux clos, la bouche entrou-
verte, elle échappe à la raideur de
la mort. Le modelé des vagues se
mêle à celui du drapé qui habille
la jeune fille.

Préault parvient à susciter sans
emphase l'émotion du spectateur.
En romantique, il rejette la référence à l'Antiquité. Illustrer les

hauts faits d'hommes célèbres, traiter de la mythologie ou manier l'allégorie est pour lui hors de propos. Il emprunte au contraire son sujet à Shakespeare. La plupart des artistes romantiques étaient passionnés par l'auteur d'*Hamlet* et le climat de poésie triste qui se dégage de cette sculpture est caractéristique de leur lecture de ses œuvres.

Eugène DELACROIX

1798 – 1863

Chasse aux lions

(1854) Cette *Chasse aux lions* d'Eugène Delacroix est une esquisse préparatoire pour un grand tableau dont l'État lui passa commande en 1854. Rapidement brossée, fixant le premier jet de son inspiration, elle présente d'autant plus d'intérêt que la toile finale a été en partie détruite au cours d'un incendie. Le thème est inspiré de Rubens, ainsi que la composition par la couleur et non par le dessin. La touche nerveuse, rapide, où l'on peut sentir la main de l'artiste, traduit l'emportement de la scène et la fougue du peintre. Le cheval cabré, au centre, domine la composition. On identifie difficilement lions, chevaux et cavaliers, en particulier sur la droite où le fauve est arc-bouté sur la croupe du cheval. La violence flamboyante de ce combat sauvage éclate dans les tons rouge, vert, orangé, rose et ocre, rehaussés d'un bleu profond.

Les coloris s'entrechoquent dans une harmonie dont Baudelaire écrit : « Jamais couleurs plus belles, plus intenses, ne pénétrèrent jusqu'à l'âme par le canal des yeux. » La critique fut souvent hostile au tableau, reprochant à Delacroix l'extravagance de la couleur et le caractère incompréhensible de la composition. Dernier héritier du romantisme, l'artiste fait ici œuvre de précurseur par l'importance qu'il donne aux masses colorées. Le caractère expressif de ce tumulte annonce le fauvisme.

Alexandre CABANEL

1823 – 1889

Naissance de Vénus

(1863) Dans la mythologie antique, Vénus naît de la mer. L'épisode a été abondamment illustré dès l'Antiquité, puis de nouveau à partir de la Renaissance.

Ici, Cabanel représente la déesse posée sur un lit de vagues et d'écume. Une guirlande d'Amours préside à sa naissance, en toute fidélité à la tradition mythologique. Le peintre a choisi une gamme de couleurs pastel, dominée par des bleus et des roses clairs. La carnation de Vénus est uniformément nacrée, suggérant même l'irréelle perfection de la porcelaine.

L'œuvre répondait ainsi aux critères du goût officiel de son temps. Exposée au Salon de 1863, elle y remporta un si grand succès que Napoléon III l'acheta. La même année, Manet travaillait à une toile qui devait provoquer un scandale retentissant, *Olympia*, représentant au contraire une vraie femme de son temps qui regarde le spectateur. L'étirement lascif de la déesse de Cabanel peut paraître pourtant aujourd'hui plus provocateur que la tranquille assurance d'Olympia.

Honoré Daumier

1808 – 1879

Portraits des célébrités du Juste Milieu

(1831) Surtout connu pour ses caricatures, Daumier fut également peintre et sculpteur.

Cette galerie de portraits représente des personnalités de son temps, notamment des parlementaires. Pour réaliser ces « instantanés en terre glaise », l'artiste assistait aux séances de la Chambre. Sa prodigieuse mémoire lui permettait d'enregistrer les traits caractéristiques de ses modèles. Il utilisait

ensuite le modelage pour déformer, simplifier ou exagérer les parties saillantes du visage : nez, front, menton... Soucieux de révéler l'homme moral, au-delà des apparences physiques, il montrait de manière impitoyable les défauts et les tics, tout en conservant la ressemblance avec le modèle. Ces caricatures sculptées ont servi ensuite de point de départ à Daumier pour des lithographies publiées dans la presse.

Le titre est une référence ironique à une formule du roi Louis-Philippe qui se disait « également éloigné des excès du pouvoir populaire et des abus du pouvoir royal ». La pratique de la caricature, au XIXe siècle, n'était pas sans risques. Daumier lui-même fut envoyé en prison pour avoir représenté Louis-Philippe sous les traits de Gargantua dans un journal satirique.

Jean-François MILLET

1814 – 1875

L'Angélus

(1857-1859) Il y a peu de tableaux au monde aussi célèbres que *L'Angélus* de Millet. Diffusée en reproduction sur toutes sortes d'objets, l'œuvre fut vite connue jusque dans les campagnes les plus reculées.

En fait, le sujet est très simple et Millet, le plus connu des peintres installés à Barbizon, l'explique lui-même : « *L'Angélus* est un tableau que j'ai fait en pensant comment, en travaillant autrefois dans les champs, ma grand-mère ne manquait pas, en entendant sonner la cloche, de nous faire arrêter notre besogne pour dire l'angélus pour les pauvres morts, bien pieusement et le chapeau à la main. » C'est donc une œuvre imprégnée de nostalgie plutôt qu'une simple représentation de la vie quotidienne que Millet pouvait observer dans la plaine de Chailly, près de Barbizon.

En cela, *L'Angélus* est un cas particulier, car les peintres de Barbizon avaient justement le souci, nouveau à l'époque, de représenter la réalité, celle des paysages comme celle des hommes. Ici, Millet s'attache à restituer la grandeur de l'antique prière, qui rappelle la salutation de l'ange à la Vierge lors de l'Annonciation. Malgré les dimensions réduites de la toile, l'homme et la femme, au premier plan, ont une allure monumentale. Ils se détachent à contre-jour sur le ciel éclairé par le couchant. Le clocher, au loin, est minuscule mais c'est un détail essentiel, car c'est le son de sa cloche résonnant à travers la plaine qui donne son titre au tableau.

Camille Corot

1796 – 1875

Une matinée.
La danse des nymphes

(1850) Les visions poétiques de la
nature peintes par Corot ont connu
une vogue immense. L'artiste
recherche ici un accord subtil entre
les personnages et la nature envi-
ronnante. Pour le décor de cette
scène, il a utilisé une étude de
paysage faite autrefois en Italie et
l'a métamorphosée en la baignant
dans une lumière diffuse. Mais
cette danse des nymphes est également une réminiscence d'une rêverie de l'artiste à l'Opéra, où il se
rendait fréquemment et réalisait
de nombreux croquis de danseuses. Le sentiment aérien de
la nature, où les condensations
légères du brouillard matinal
semblent prêtes à s'évanouir à tout
instant, est en harmonie avec les
délicates figures célébrant le retour
du jour. Sur la gauche, une silhouette évoquant Bacchus lève
sa coupe vers le ciel. À droite, une
nymphe en tire une autre par la
main pour rejoindre au centre la
farandole joyeuse de leurs com-
pagnes. Une lumière douce éclaire

l'ensemble, les feuillages sont traités tantôt en transparence, tantôt
en masses opaques et mousseuses.
Corot aimait aller peindre en plein air.
Il observait la nature avec attention, soucieux, disait-il, de « ne
jamais perdre la première impression qui nous a émus ». Bien qu'il
ait continué, conformément à la
tradition classique, de placer parfois des nymphes dans ses paysages, ses recherches sur la
lumière à différentes heures du
jour annoncent celles des peintres
de Barbizon. Plus tard, les impressionnistes seront unanimes à
reconnaître son talent et son
influence.

Jean-Baptiste CARPEAUX

1827 – 1875

Ugolin

(1860) Traiter à la manière de Michel-Ange un sujet inspiré par Dante, voilà l'ambition qui est à l'origine de ce groupe colossal.

Le comte Ugolin, tyran de Pise, est enfermé avec ses enfants et condamné à mourir de faim ; il en sera réduit à dévorer leurs cadavres, ce qui lui vaudra de devenir un des héros damnés de *L'Enfer* de Dante. Ici, Ugolin déplore les ravages causés par la faim sur ses enfants : « Quand j'eus reconnu mon propre aspect sur les quatre visages, je me mordis les mains de douleur et mes enfants, croyant que c'était de faim, se levèrent tout à coup en disant : Oh ! Père ! Il nous sera moins douloureux si tu manges de nous. »

Carpeaux a réalisé cette œuvre à la fin de son séjour à la villa Médicis à Rome. Pour obtenir le prix de Rome qui donnait droit à ce séjour, il s'était présenté de nombreuses fois, car le prix garantissait une carrière brillante et des commandes de l'État. Sans celles-ci, un sculpteur d'origine modeste comme lui n'aurait pas pu payer les matériaux très coûteux dont il avait besoin pour travailler. Le sujet d'Ugolin n'étant pas tiré de l'Antiquité, l'œuvre fut assez mal reçue par l'Académie. Elle marqua cependant pour Carpeaux le début d'une fulgurante carrière.

Thomas COUTURE

1815 – 1879

Romains de la décadence

(1847) « Plus cruel que la guerre, le vice s'est abattu sur Rome et venge l'univers vaincu. » Ce vers du poète latin Juvénal accompagnait le titre *Romains de la décadence* dans le livret qu'achetaient les visiteurs du Salon de 1847. C'est là que le public découvrit cette œuvre, ambitieuse autant par son sujet que par ses vastes proportions. Thomas Couture souhaitait, de son propre aveu, « régénérer l'art français » en cherchant une voie nouvelle après des dizaines d'années d'affrontement entre les néoclassiques, dont Ingres était le premier représentant, et les romantiques, qui se réclamaient de Delacroix.

Pour ce grand projet, Couture choisit un sujet moral, inspiré par l'Antiquité romaine, et donc conforme aux exigences de ce que l'on considérait comme le genre le plus noble en peinture. C'est une scène d'orgie au petit matin. Ivres, abattus ou franchement malades, les convives achèvent leur nuit de débauche. Mais ils n'occupent que la partie basse du tableau : au-dessus d'eux sont représentés de tout autres personnages. Une série de sculptures évoque en effet les héros de la Rome républicaine, comme autant de muets reproches vis-à-vis de l'orgie finissante et des égarements qu'elle entraîne. Un buveur, à droite de la composition, croit même pouvoir remplir sa coupe grâce à l'amphore de marbre tenue par la statue.

À la suite des deux spectateurs muets qui contemplent la scène, au premier plan à droite, Couture nous entraîne à porter un jugement sur ces débauches. Mais dénonce-t-il la décadence de la Rome impériale ou celle de la monarchie de Juillet, qui vivait ses derniers jours au moment de l'exposition du tableau ? Un critique de l'époque baptisa d'ailleurs l'œuvre *Les Français de la décadence.*

Gustave COURBET

1819 – 1877

Un enterrement
à Ornans

(1849-1850) Avec *Un enterrement à Ornans*, Courbet a peint un véritable manifeste du réalisme. Ce mouvement artistique, né en France au milieu du siècle en réaction contre l'académisme, est en général associé à des préoccupations sociales et politiques ; et Courbet, compagnon des premiers socialistes, en était en quelque sorte le porte-flambeau.

Le réalisme de ce tableau réside dans l a vérité des représentations, du lieu, le village natal de Courbet, et des personnages, qui sont tous identifiés. Ils sont saisis dans leur réalité, et beaucoup d'entre eux apparaissent ainsi tout à fait ordinaires.

Courbet a utilisé un format réservé aux sujets considérés comme nobles pour représenter des personnages simples dans une scène de la vie quotidienne. Son tableau fit scandale au Salon de 1850 : « Est-il possible de peindre des gens aussi affreux ? » demanda un critique. Surtout, on ne pardonna pas à

Courbet d'avoir osé peindre des gens du peuple comme on peint des héros. Pourtant, en posant un crâne et quelques ossements au bord de la tombe – détail non conforme au rituel funéraire –, Courbet dépasse la réalité observée et semble inviter à une méditation sur la mort. Cette œuvre toute d'austérité et de silence est également remarquable par ses coloris : les noirs se distinguent tous les uns des autres, rehaussés par des éclats de blanc et par les accents forts des robes rouges et des bas bleus.

François-Désiré FROMENT-MEURICE

1802 – 1855

Table et garniture de toilette

(1847-1851) Cet ensemble fut commandé en 1845, à la suite d'une souscription lancée par un cercle de dames restées fidèles à la branche dite « légitime » des Bourbons, c'est-à-dire à la famille de Charles X, à l'occasion du mariage de la petite-fille du roi, Louise Marie-Thérèse, avec le futur duc de Parme.

Présenté, avant d'être livré à la duchesse, lors de l'Exposition universelle de Londres en 1851, il fut admiré d'emblée pour la perfection de son exécution, malgré les réticences qu'inspira son style difficilement définissable. Œuvre de collaboration entre un orfèvre, un architecte, un ornemaniste et deux sculpteurs, c'est une spectaculaire combinaison de matières, nourrie de références à plusieurs civilisations, comme à plusieurs époques : Islam, Moyen-Âge, style gothique, Renaissance, baroque... L'usage de techniques anciennes tombées en désuétude témoigne aussi du caractère historique du style de cet ensemble unique – ainsi l'émail peint, à la manière du XVIᵉ siècle français, sur les petites plaques qui ornent les deux coffrets.

Aboutissement des recherches menées dans l'orfèvrerie au cours des années 1830 et 1840, l'ensemble apparaît aujourd'hui comme un chef-d'œuvre de l'éclectisme qui devait dominer les arts décoratifs durant tout le second Empire.

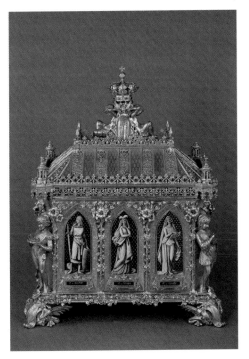

Coffret à bijoux

Charles-Guillaume DIEHL,
Jean BRANDELY,
Emmanuel FRÉMIET

Médaillier

(1867) Ce meuble, destiné à recevoir une collection de monnaies ou de médailles, fut très remarqué lors de l'Exposition universelle de Paris en 1867 et suscita l'admiration en raison de son caractère imposant et de sa parfaite exécution.

L'ébéniste Diehl a ménagé dans son meuble une place importante pour le travail de Frémiet. Les sculptures de celui-ci, en bronze et cuivre argentés, dépassent de beaucoup l'accompagnement décoratif que l'on attend de reliefs ornant des meubles. Les sources décoratives de ces sculptures appartiennent à l'histoire nationale, plus précisément au passé mérovingien.

Le relief central représente le triomphe de Mérovée à Châlons-sur-Marne, où le jeune chef franc aurait écrasé son rival, un protégé d'Attila. À cette référence au glorieux passé s'ajoute la recherche d'effets décoratifs propres à suggérer l'Antiquité : des trophées d'armes, sans rapport d'ailleurs avec l'authentique art décoratif médiéval, confirment l'époque reculée de la scène.

Le spectateur d'aujourd'hui peut juger lourd et pompeux ce chef-d'œuvre unique ; il reste cependant l'exemple parfait d'une tentative visant à inaugurer dans le domaine du mobilier un style tout à fait neuf, loin de l'esprit des pastiches si nombreux sous le second Empire.

Pierre Puvis de Chavannes

1824 – 1898

Le pauvre pêcheur

(1881) *Le pauvre pêcheur* est le premier tableau de Puvis de Chavannes à avoir été acheté par l'État. Il a longtemps exercé une véritable fascination et suscité des réactions violemment hostiles, comme celle de l'écrivain Huysmans qui n'y voyait que « singerie de grandeur biblique » et « peinture de vieille fresque mangée par des lueurs de lune ». Mais il eut aussi d'ardents défenseurs qui y reconnurent « une image de la beauté qui gît dans tout », ou encore « une poignante image du dénuement, de l'abandon, de la misère irrémédiable ».

Beauté, abandon, misère... ses admirateurs élèvent la toile à l'intemporel, au mythe, qu'elle atteint par la sobriété de ses moyens picturaux : une composition dépouillée, une absence de mouvement et de modelé, une gamme de couleurs restreinte. L'attitude des trois personnages – le pêcheur et ses enfants – semble arrêtée en un instant d'éternité.

Seurat, Maillol et Signac, mais aussi les nabis et, plus tard, Picasso ont subi l'influence de cette œuvre majeure.

Gustave MOREAU

1826 – 1898

Orphée

(1865) C'est en s'inspirant de l'histoire d'Orphée que Gustave Moreau a peint cette scène. Inconsolable après la mort d'Eurydice, Orphée avait repoussé les avances des femmes thraces, qui le tuèrent puis éparpillèrent son corps mis en pièces. Sa tête dériva jusqu'à la mer. Le peintre a librement interprété la légende en représentant une jeune fille qui a recueilli pieusement la tête du poète.

Absorbée dans une rêverie mélancolique, le visage de profil et les paupières baissées, elle contemple cette tête aux yeux définitivement clos. Les deux visages, mystérieusement ressemblants, semblent liés l'un à l'autre par un impossible échange de regards. La coiffure et le vêtement de la jeune fille sont un mélange d'Italie et d'Orient ; sa silhouette se détache sur un fond rocheux qui rappelle Léonard de Vinci.

Deux éléments évoquent la musique : les bergers qui jouent de la flûte sur la crête du rocher, en haut à gauche, et les deux tortues chemi-

nant sur le sol, en bas à droite.
Leur carapace, dit-on, servit à
fabriquer la première lyre.
Cette huile sur bois possède un étrange
pouvoir de fascination. Proust, qui
l'aimait particulièrement, a écrit :
« Nous voyons dans cette tête
d'Orphée quelque chose qui nous
regarde de ces beaux yeux
d'aveugle que sont les couleurs
pensées. »

Edgar DEGAS

1834 – 1917

La famille Bellelli

(1858-1867) Chef-d'œuvre des années de jeunesse de Degas, *La famille Bellelli* est l'un des plus grands tableaux qu'il ait jamais entrepris. La tante du peintre est ici représentée chez elle à Florence, accompagnée de ses enfants et de son mari. Le souci de préciser l'identité des personnages ne suffit pas à expliquer l'importance accordée au décor : cet intérieur est une scène qui donne à l'œuvre une tonalité théâtrale. L'influence de Van Dyck, dont l'artiste avait admiré les œuvres à Gênes, ainsi que celle d'Holbein, sensible dans le traitement des visages féminins, sont ici dépassées : la description fidèle des traits des modèles cèdele pas à celle du drame dont ils sont les protagonistes. La mésentente des époux Bellelli est soulignée par l'absence d'harmonie dans leurs attitudes – digne et figée pour la mère, fuyante pour le père. Les deux enfants semblent s'inspirer chacune de l'un des parents : la désunion de la famille est rendue manifeste par le fait que chaque personnage regarde dans une direction différente.

Édouard MANET

1832 – 1883

Olympia

(1863) Peinte en 1863, l'*Olympia* est une des toiles les plus célèbres de Manet. Présentée au Salon de 1865, elle causa un véritable scandale. Le tableau est pourtant nourri de la grande tradition et deux sources sont évidentes : la *Vénus d'Urbin*, de Titien, et la *Maja nue*, de Goya. Mais le sujet comme l'exécution ont beaucoup choqué.

Il s'agit en effet d'un nu réaliste et d'une scène contemporaine. Manet n'a recours à aucun alibi, contrairement à Cabanel dans sa *Vénus*. Olympia n'est pas une créature mythologique, mais une prostituée ; la scène n'est pas située dans un harem turc, mais dans le Paris de l'époque. La femme nue est une vraie femme, Victorine Meurent, un modèle souvent employé par Manet. Sa chair n'est pas idéalisée. On la trouva laide et vulgaire. La nudité est soulignée par le ruban noir autour du cou et par la mule dont le pied est chaussé. Le regard est direct et cette tranquille assurance fut ressentie comme une insolence intolérable. La servante noire qui apporte un superbe bouquet, sans doute envoyé par un client, et le chat noir dressé aux pieds d'*Olympia*, allusion érotique évidente, ajoutent au trouble provoqué par la toile.

La façon de peindre choquait tout autant que le sujet : que n'a-t-on écrit sur les couleurs aigres et criardes, les tons sales, la violence et la vulgarité des contrastes !

On admire aujourd'hui la composition classique de la toile, le raffinement des couleurs, le réalisme moderne de Manet qui déclarait à propos de ce tableau : « J'ai fait ce que j'ai vu. » À l'époque, seul ou à peu près, Zola prit la défense de Manet avec ardeur et enthousiasme en prédisant qu'*Olympia* aurait sa place marquée au Louvre. C'est pour l'en remercier que le peintre fit le portrait de l'écrivain.

Henri FANTIN-LATOUR

1836 – 1904

Coin de table

(1872) Huit personnages sont réunis autour d'une table à la fin d'un repas. Parmi eux, au premier plan à gauche, Paul Verlaine et Arthur Rimbaud, qui ont rendu la toile célèbre. Les six autres convives, collaborateurs d'une revue littéraire fondée en 1872, sont oubliés aujourd'hui. Le groupe était lié au mouvement poétique du Parnasse.

Fantin-Latour avait d'abord pensé faire un « hommage à Baudelaire », sorte de pendant littéraire à son *Hommage à Delacroix*. Puis la figure de Baudelaire a disparu et l'œuvre a pris le titre anodin de *Coin de table* – un coin de table à la perspective curieuse où l'on sent une sorte de déséquilibre contrastant avec la pose statique des personnages. À droite, le meuble disparaît derrière un bouquet. Était-il destiné à remplacer un convive refusant de figurer dans la compagnie, jugée scandaleuse, de Verlaine et de Rimbaud ?

Pour nous, ce tableau, en dehors de ses qualités esthétiques, a valeur de témoignage sur l'histoire littéraire du XIXe siècle. Son format est celui d'une peinture d'histoire plutôt que d'une simple scène de genre. Et c'est bien ce que ne supportait pas, en 1872, une partie de la critique : « Qui a bien pu conseiller à M. Fantin-Latour de donner à son *Coin de table* des proportions épiques et monumentales ?... Il y a, entre les dimensions ambitieuses de la toile et le sujet, une contradiction qui, à la longue, devient irritante », a-t-on pu lire.

Eugène BOUDIN

1824 – 1898

La plage de Trouville

(1865) Né à Honfleur, petit port normand, Eugène Boudin a peint quelques trois cents scènes de plages. Comme l'écrit un critique de l'époque, « Monsieur Boudin a inventé un genre de marines qui lui appartient en propre ». En 1862, il s'installa à Trouville, village de pêcheurs devenu depuis peu une station balnéaire en vogue. Dans cette toile, une foule mondaine et élégante est figurée en frise sur une mince bande de sable, tandis qu'un ciel nuageux occupe la plus grande partie du tableau. Les toilettes des femmes sont rehaussées de touches de couleurs vives et contrastent avec les longues silhouettes des hommes en noir. Le point de vue du peintre étant assez bas, le paysage n'est pas visible, à l'exception d'un fragment de mer au centre. Mais le vent, lui, est bien présent. Les personnages et le petit chien noir du premier plan s'arc-boutent pour lutter contre lui.

La sensation de scène prise sur le vif, la vibration de l'air et de la lumière font ici de Boudin un précurseur de l'impressionnisme. C'est d'ailleurs lui qui a initié Monet au travail de plein air. Les ciels de Boudin ont fait l'admiration de Baudelaire, qui parle à leur propos de « magies liquides et aériennes », ainsi que de Corot, qui l'a surnommé « le roi des ciels ».

Claude MONET

1840 – 1926

La pie

(1868-1869) Pendant l'hiver
1868-1869, Monet séjourna à
Étretat, d'où il écrivit à son ami
Bazille : « Je vais dans la campagne
qui est si belle ici, que je trouve
peut-être plus agréable encore
l'hiver que l'été, et naturellement
je travaille [...] je crois que cette
année, je vais faire des choses
sérieuses. » C'est le moment où il
peignit *La pie*, sérieuse en effet par
les dimensions relativement
importantes de la toile et par son
aspect de surface régulière malgré
la liberté de la touche.

Monet avait déjà peint d'autres paysages de campagne sous la neige.
C'était d'ailleurs un sujet à la mode
dans les années 1860-1870. Mais les
peintres insistaient en général sur
l'aspect d'engourdissement et de
désolation du paysage. Monet, lui,

en fit quelque chose de vibrant et d'éclatant de lumière, un paysage étonnant par le raffinement et la diversité de la gamme des blancs. Blanche, mais surtout jaune, bleue, mauve, la neige est mise en valeur par la note noire de la pie, point d'équilibre de l'œuvre.

Frédéric BAZILLE

1841 – 1870

Réunion de famille

(1867) Frédéric Bazille avait vingt-six ans lorsqu'il entreprit cette grande toile dans la propriété familiale de Méric, près de Montpellier. Il a réuni, sous le marronnier de la terrasse, tous les membres de sa famille, et s'est représenté lui-même à l'extrême gauche. La multiplicité des regards fixes et une certaine raideur dans la pose donnent à ce groupe une expression figée et solennelle qui contraste avec l'originalité de la composition.

La toile montre combien Bazille est sensible à la dure lumière méridionale qui tranche les plans et accentue les contrastes et la solidité des formes. Passant à travers les feuillages, la lumière transforme les tons des vêtements et du sol tout en découpant avec netteté les physionomies des personnages.

Le tableau fut accepté au Salon de 1868. Deux ans plus tard, le jeune artiste – proche des futurs impressionnistes – sera tué lors de la guerre avec la Prusse.

Claude MONET

1840 – 1926

Femmes au jardin

(1867) En 1866, Monet loua une
villa à Ville-d'Avray et commença
Femmes au jardin, qu'il acheva un
an plus tard. Au lieu de travailler
en atelier à partir d'esquisses
préparatoires, il peignait
directement sur le motif. Il avait
fait creuser une tranchée dans
le jardin pour y descendre la toile
à l'aide d'une poulie, afin de
poursuivre la partie haute en
gardant le même point de vue.
Courbet, au cours d'une visite,
s'étonna de le trouver inactif.
Monet répliqua qu'il attendait le
soleil, révélant ainsi son souci
majeur : rendre l'effet exact de
la lumière, en se fiant à ce qu'il
voyait, sans être influencé par ce
qu'il savait.
Dans cette scène de plein air, les personnages se découpent nettement
sur un fond de verdure. C'est
Camille, sa compagne, qui a posé
pour les quatre silhouettes féminines aux visages peu caractérisés.
La composition est asymétrique.
De larges taches juxtaposent, sans
transition, ombre et lumière. Les
toilettes claires et stylisées ont la

raideur des gravures de mode dont elles s'inspirent. Le léger mouvement tournant de la jeune femme rousse à droite donne le sentiment de la profondeur. La facture très libre, le découpage audacieux, les contrastes lumineux furent violemment critiqués, et l'œuvre fut refusée par le jury du Salon de 1867.

Jean-Baptiste CARPEAUX

1827 – 1875

Le prince impérial et son chien Néro

(1865) Cette sculpture en marbre représente le fils de Napoléon III et de l'impératrice Eugénie, accompagné de son chien.

Carpeaux connaissait bien son modèle. Il était en effet devenu le professeur de dessin du jeune prince. Celui-ci posa dans l'Orangerie des Tuileries, relayé par un enfant du même âge sur lequel Carpeaux étudia le nu, le squelette, les muscles.

Carpeaux n'a pas représenté le prince dans une attitude officielle mais d'une façon presque familière, dans ses vêtements habituels : culotte bouffante, veste de velours, cravate nouée et souliers à boucles. D'un geste affectueux, l'enfant enlace le cou du chien.

L'artiste attendait beaucoup de cette sculpture pour son avenir. Le portrait plut aux souverains.

« L'Impératrice est venue hier me visiter avec une suite nombreuse. Mon succès est définitif et les bravos m'ont rempli de joie. » L'empereur commanda le marbre qui fut placé dans le palais des Tuileries. En 1870, la famille impériale l'emporta dans son exil en Angleterre. La réduction de l'œuvre, éditée par la Manufacture de Sèvres en 1869, continua d'être diffusée après 1870 sous le titre *L'enfant au chien*.

26

Jean-Baptiste CARPEAUX

1827 – 1875

La Danse

(1863-1869) En 1863, Charles Garnier, l'architecte du nouvel Opéra de Paris, commanda quatre groupes sculptés à des artistes différents pour décorer la façade du bâtiment. Carpeaux était chargé d'illustrer le thème de la danse. Trois ans durant, il a multiplié esquisses et maquettes, avant de concevoir cette farandole tournoyante de femmes encerclant le génie de la danse. À terre, un Amour agite une marotte, un sceptre de bouffon. À droite, derrière les danseuses, on aperçoit un satyre au visage grimaçant. La préoccupation essentielle de Carpeaux était de rendre la sensation du mouvement. Il y parvient par une double dynamique : verticale et circulaire. Le génie bondissant domine l'ensemble ; il agite un tambourin pour entraîner les bacchantes dans un tourbillon. Sa silhouette et son visage androgynes contrastent avec les formes pleines des danseuses. Elles sont saisies dans des postures diverses, en déséquilibre, les pointes de leurs pieds effleurant à peine le sol. Cette instabilité est renforcée par les obliques des jambes.

Alors que Garnier fut émerveillé par cette composition, le public, lui, fut choqué, notamment par le réalisme du modelé des chairs. Une bouteille d'encre fut jetée contre le groupe sculpté et le scandale fut tel qu'on demanda son enlèvement. Mais la guerre de 1870, puis la mort de Carpeaux, mirent fin à la polémique. En 1964, la pollution menaçant la pierre, une copie réalisée par Paul Belmondo fut installée à l'Opéra et l'original entra au musée.

Charles GARNIER

1825 – 1898

Opéra de Paris

(1860-1875) Charles Garnier, lauréat du concours lancé en 1860 pour la construction de l'Opéra de Paris, conçut une architecture toute de courbes et d'exubérance monumentale. Il souhaitait que la distribution des espaces intérieurs soit lisible de l'extérieur.

À droite, le hall d'entrée occupe la première partie du bâtiment. Il est surmonté par le grand foyer. Orné de miroirs et de plafonds peints, celui-ci communique avec la loggia à double colonnade qui forme la façade extérieure. La seconde partie du bâtiment est entièrement occupée par le grand escalier qui offre, à chaque étage, des balcons où les spectateurs peuvent s'accouder.

Au centre du bâtiment, sous la coupole en cuivre, se trouve la salle à l'italienne, rouge et or, avec son plafond original, recouvert aujourd'hui par celui de Chagall. Plus à gauche, dans la partie la plus élevée du bâtiment, se tient la scène, légèrement en pente. Des machineries complexes permettent les changements de décors. Au-delà, le foyer de la danse, richement décoré, est un lieu réservé aux artistes. Enfin, à l'arrière, se trouvent les locaux administratifs. De part et d'autre du corps central sont situés deux petits pavillons coiffés de coupoles. L'un est réservé à l'entrée des abonnés ; l'autre, précédé d'une double pente douce pour une voiture attelée, aboutit à la loge de Napoléon III. Celle-ci ne devait cependant jamais être occupée par son premier destinataire : le nouvel Opéra ne fut inauguré qu'en 1875, cinq ans après la fin du second Empire.

Koloman MOSER

1868 – 1918

Armoire à musique

(vers 1904) Cette armoire à musique meublait, au début du siècle, le salon viennois de la famille Wittgenstein, que de grands compositeurs – Brahms, Richard Strauss ou Mahler – avaient fréquenté ou fréquentaient encore. Koloman Moser, qui était également peintre, illustrateur et décorateur, s'est inspiré ici des volumes très découpés des meubles de l'architecte écossais Mackintosh, dont il donne une interprétation raffinée. L'application de blanc de céruse sur le chêne avant le laquage fait ressortir les veines du bois ; l'ajout des plaques de métal argenté sur les portes souligne l'aspect précieux de l'armoire, par ailleurs sobre et même sévère. Une bordure saillante, dorée, comme le frémissement d'une vibration musicale, en allège pourtant la masse.

Ce meuble fut fabriqué par les *Wiener Werkstätte*, les Ateliers viennois, association de métiers d'art dont le but était de susciter un artisanat de qualité destiné à lutter contre la médiocrité des objets produits de façon mécanique. Ces créations restaient fort chères et leur esthétique rigoureuse touchait essentiellement un monde d'amateurs éclairés et fortunés.

Édouard MANET

1832 – 1883

Le déjeuner sur l'herbe

(1863) À l'époque où Manet peignit *Le déjeuner sur l'herbe*, la vie artistique était dominée par un événement annuel : le Salon. C'était une exposition officielle où les artistes étaient invités à présenter leurs dernières productions. Son retentissement était considérable puisqu'il attirait jusqu'à cinq cent mille visiteurs, soit l'équivalent de plus du quart de la population parisienne ; les récompenses qui y étaient attribuées étaient déterminantes pour la carrière des artistes. Être admis à y exposer se révélait donc essentiel. Or, la sélection était sévère : en 1863, le jury d'admission refusa plus de la moitié des œuvres présentées, dont cette toile de Manet, alors appelée *Le bain*. Les protestations furent telles que Napoléon III décida que les œuvres refusées pourraient également être exposées. Le Salon des refusés devint l'attraction comique de Paris. Le public se tordait de rire, et notamment devant ce tableau de Manet que l'on accusait d'afficher des goûts corrompus : montrer, sans le moindre prétexte mythologique, une femme d'aujourd'hui nue au milieu d'hommes habillés semblait le comble de l'indécence. Du jour au lendemain Manet devint célèbre. Mais il fut très profondément blessé par ces réactions. Il y a pourtant bien une part de provocation dans cette toile où le paysage est traité avec une rapidité touchant à la désinvolture, par contraste avec la nature morte du premier plan et, surtout, par opposition à la femme nue à la chair blanche et au regard sombre, entourée d'hommes vêtus de noir. Certes, Manet a repris ici un thème déjà traité par Raphaël et par Titien. Mais, retrouvant à sa manière le réalisme de Courbet, il a fait une toile plus brutale que sensuelle, avec une vision très nouvelle de la peinture.

Gustave CAILLEBOTTE

1848 – 1894

Raboteurs de parquet

(1875) *Raboteurs de parquet* reste le tableau le plus célèbre de Caillebotte. On voit bien avec quelle attention et quel souci de vérité le peintre a observé le métier des raboteurs. Ceux-ci humidifient d'abord le parquet, puis passent le rabot sur la jointure des lames avant de lisser le bois avec un racloir de façon à obtenir une surface bien plane et claire. Parfois, il leur faut enfoncer quelques chevilles à coups de marteau ou encore aiguiser les outils. Et à la pause, un verre de vin leur redonne du cœur à l'ouvrage. Le cadre est celui d'un bel appartement dans un immeuble haussmannien.

Cet intérêt pour la vie populaire, ici celle des petits métiers, était exactement contemporain de celui que manifestait Zola en décrivant, par exemple, le métier des repasseuses dans *L'Assommoir.*

Caillebotte était l'ami des impressionnistes, dont il collectionnait les œuvres, même si sa façon de peindre était différente. Ce tableau a d'ailleurs figuré à la deuxième exposition impressionniste en 1876, où la critique avait jugé le sujet insolite et vulgaire.

Aujourd'hui, ce qui surprend encore, outre le très beau travail sur la lumière et les reflets, c'est le point de vue choisi par Caillebotte, une plongée qui donne au spectateur l'impression d'être debout devant les raboteurs. L'espace est strictement construit et délimité : le tracé rectiligne des lames du parquet rend ce dernier omniprésent et définit une perspective puissante.

Edgar DEGAS

1834 – 1917

Dans un café
dit L'absinthe

(vers 1875-1876) Cette scène de
la vie moderne combine un thème
d'inspiration naturaliste avec un
double portrait pour lequel Degas a
fait poser deux de ses proches.
L'atmosphère de morosité et de
désœuvrement qui s'en dégage
évoque L'Assommoir d'Émile Zola.
Assis côte à côte, les deux personnages sont silencieux et semblent
s'ignorer : elle a le regard fixe et
désabusé, lui détourne les yeux,
comme pour l'éviter. Leur accable-
ment s'inscrit sur leur visage, leur
solitude intérieure est évidente.
C'est la nouveauté du sujet tiré de
la vie contemporaine et traité sans
complaisance qui fit scandale, plus
encore que la technique, jugée
« désinvolte ».
Pourtant, la maîtrise de Degas est manifeste dans la composition :
le cadrage, décentré, évoque la
photographie, un art auquel le
peintre s'intéressait. Les tables et
les journaux enroulés sur leurs
baguettes et soulignés par la signa-
ture du peintre dessinent tout

un jeu d'obliques qui rappelle les perspectives inspirées de l'art du Japon en créant un vide au premier plan. La lumière blafarde venant de la droite est reflétée par le miroir où se dessinent deux ombres noirâtres. Parmi les tons sourds qui baignent la scène se dégage la faible lueur verte de l'absinthe.

Edgar DEGAS

1834 – 1917

La classe de danse

(vers 1873-1876) Les danseuses ont inspiré à Degas, dès les années 1870, d'innombrables dessins, toiles et pastels. Il s'intéressait davantage aux attitudes pendant les leçons et les répétitions qu'aux représentations sur scène. Sa préoccupation pour la décomposition du mouvement transparaît notamment dans ses petites sculptures. *La classe de danse*, toile commencée en 1873, lui demanda plus de deux ans de travail.

Les détails dont l'œuvre fourmille suggèrent la fin d'une leçon, en particulier l'épuisement et l'humeur vagabonde des danseuses au repos. Pratiquement aucune ne fait attention au vieux maître, et moins encore les deux ballerines qui dominent les autres à chacune des extrémités de la salle – l'une, à l'arrière-plan, ajuste son tour de cou, tandis que l'autre, assise sur le piano au premier plan, se gratte le dos.

Le peintre a adopté un point de vue légèrement plongeant. De ce fait, la perspective accentuée par les lignes fuyantes du parquet monte fortement. Le plancher occupe plus du quart de la composition, créant un vide au centre duquel prend place le professeur. Autour de lui, les tutus de gaze blanche émaillés de nœuds de couleurs vives animent un espace auquel la perspective donne une grande profondeur.

33

Edgar DEGAS

1834 – 1917

Petite danseuse de quatorze ans

(1879-1881) Cette sculpture en bronze a été fondue après la mort de Degas. L'original en cire, conservé aujourd'hui aux États-Unis, est la plus importante sculpture de Degas, la seule exposée de son vivant. C'était en 1881, à la sixième exposition impressionniste. Degas y avait travaillé pendant trois ans.

Il avait commencé à pratiquer la sculpture dès les années 1860. Elle l'aidait, dans l'élaboration de ses peintures, à saisir la forme en trois dimensions. Cependant cette petite danseuse n'est pas une étude, mais une œuvre aboutie et porteuse des ambitions de l'artiste. D'un réalisme scrupuleux, encore accentué dans l'original en cire par la polychromie qui rend les couleurs de la chair, cette danseuse a été habillée d'un tutu en tulle et d'un ruban de satin rose dans les cheveux. L'original portait aussi des cheveux de poupée, un corsage et de vrais chaussons de danse.

Cette sculpture eut un effet extraordinaire. Selon un critique, aucun avertissement n'aurait pu préparer le spectateur au réalisme de l'œuvre. Huysmans écrivit à son propos : « M. Degas a culbuté les traditions de la sculpture, comme il a, depuis longtemps, secoué les conventions de la peinture. »

Mais c'est la physionomie de la danseuse, un jeune modèle de quatorze ans, qui suscita d'abord les critiques et fit scandale. On releva

« sa bestiale effronterie » et « son front, comme ses lèvres, marqué d'un caractère profondément vicieux ». Avec cette œuvre, Degas allait au-delà du réalisme, pour devenir en quelque sorte l'ethnologue du peuple parisien.

34

Alfred SISLEY

1839 – 1899

L'inondation à Port-Marly

(1876) Alfred Sisley a peint ce
paysage pendant une crue
de la Seine, à Port-Marly en 1876.
Malgré la désolation propre au
sujet, une sorte de sérénité émane
de la toile. La composition est
fermée sur la gauche par le débit
de boissons à l'enseigne de Saint-
Nicolas et ouverte sur la droite.
Le bâtiment est le seul élément
fixe. Sa stabilité, accentuée par sa
frontalité, contraste avec la fluidité
générale.

L'harmonie et le raffinement sont don-
nés par les couleurs : le bleu
et l'ocre de la maison, que l'on
retrouve dans son reflet, mais aussi
dans les innombrables touches du
ciel et de l'eau. Le ciel représentait
la préoccupation majeure de Sisley
et il commençait toujours par là ses
paysages.

Cette crue de la Seine lui a inspiré plusieurs toiles, dont *La barque pendant l'inondation*, peinte selon un
point de vue légèrement décalé, à
un moment plus ensoleillé.

35

Camille PISSARRO

1830 – 1903

Les toits rouges, coin de village, effet d'hiver

(1877) Par petites touches, Pissarro a recouvert sa toile d'une couche épaisse de peinture et obtenu un effet de belle densité. Cette technique était nouvelle pour lui, qui avait jusqu'alors travaillé plutôt dans des matières légères, un peu à la manière de Corot. Depuis son installation à Pontoise en 1872 – il y restera plus de dix ans – et sa rencontre avec Paul Cézanne, il employait plus volontiers une pâte lourde et grenue, non lissée sur le support.

Ce coin de village est prétexte à une étude chromatique : ce sont les toits rouges qui intéressent le peintre et qui forment le véritable sujet de la toile, si l'on en croit son titre, probablement original. Ce rouge est mis en valeur par un ensemble de touches de vert, harmonieusement réparties : c'est la fin de l'hiver, les champs commencent à se colorer. Les arbres encore nus provoquent un effet de brouillage qui fait ressortir, par contraste, la masse opaque des maisons.

L'œuvre appartint au peintre Gustave Caillebotte, compagnon et mécène des impressionnistes. À sa mort, celui-ci légua sa collection à l'État. Ce legs, qui comportait de nombreux tableaux aujourd'hui célèbres mais alors controversés, suscita une importante polémique. L'État dut finalement procéder à un choix et *Les toits rouges* figurèrent parmi les œuvres retenues.

36

Claude MONET

1840 – 1926

Régates à Argenteuil

(vers 1872) La luminosité
éclatante de cette toile provient de
l'emploi de couleurs pures, que
l'on dirait « sorties du tube ».
Jusqu'alors, les peintres
fabriquaient eux-mêmes leurs
couleurs avec des poudres et les
transportaient dans des vessies de
porc. L'invention de la couleur en
tube, vers le milieu du XIX⁰ siècle, a
facilité le travail dans la nature,
que l'on appela « peindre sur le
motif ».

Pour représenter ces voiles sur le bassin
d'Argenteuil, Claude Monet s'est
peut-être installé dans le bateau-
atelier qu'il s'était fait construire
pour travailler sur l'eau. Le reflet
du paysage brouillé par le clapotis
de l'eau l'intéresse autant, sinon
plus, que le paysage lui-même. Les
larges touches par lesquelles le
reflet est brossé rendent compte de
la fragmentation due au caractère
mouvant de l'eau.

« Je cours après une tranche de couleur,
écrivait Monet. Je veux faire de l'in-

saisissable. C'est épouvantable cette lumière qui se sauve en emportant la couleur. »

La mode de la navigation de plaisance et la création de deux lignes de chemin de fer ont contribué à l'essor d'Argenteuil, petite ville de banlieue située au bord de la Seine. Au début des années 1870, Manet, Monet, Renoir, Sisley, Caillebotte y habitaient ou s'y retrouvaient pour travailler ensemble. La période d'Argenteuil fut un moment essentiel dans l'histoire de l'impressionnisme.

37

Claude MONET

1840 – 1926

La gare Saint-Lazare

(1877) Cette vue de la gare Saint-Lazare peinte par Claude Monet fait partie d'un ensemble de douze toiles dont sept ont été présentées à la troisième exposition impressionniste, en 1877. Le sujet, moderne par excellence, avait déjà été abordé par Manet et par Caillebotte, mais ceux-ci s'en étaient tenus aux abords de la gare. Monet a demandé et obtenu l'autorisation du directeur des Chemins de fer de l'Ouest de planter son chevalet dans cette gare qu'il connaissait bien, comme tous ses amis peintres, en tant que voyageur.

Zola écrivit à propos de ces toiles : « Monet a exposé cette année des intérieurs de gare superbes. On y entend le grondement des trains qui s'engouffrent, on y voit des débordements de fumée qui roulent sous les vastes hangars. Là est aujourd'hui la peinture. Nos artistes doivent trouver la poésie des gares, comme leurs pères ont trouvé celle des forêts et des fleuves. »

Sous la marquise de la gare et, au-delà, vers le pont de l'Europe, que l'on devine à l'arrière-plan, Monet a étudié les variations de la lumière. Les jaunes et les orangés des immeubles et des voies mettent en valeur toute la gamme des bleus et des violets qui dominent dans les volutes de fumée. La matière est rugueuse. Les petites touches irrégulières suivent les mouvements de la fumée et les vibrations de la lumière.

Les formes se désagrègent dans cette lumière, et, en même temps, on sent dans cette toile le souci d'une composition très rigoureuse. Une étude conservée dans un carnet de croquis témoigne d'ailleurs de cette recherche.

38

Pierre-Auguste RENOIR

1841 – 1919

Bal du Moulin de la Galette, Montmartre

(1876) À la troisième exposition du groupe impressionniste, en 1877, le *Bal du Moulin de la Galette*, de Renoir, attirait tous les regards. La vie moderne, le plein air, la foule animée, l'insouciance des loisirs, les jeux de lumière, les couleurs abondantes, la touche souple et rapide, tous les ingrédients du style nouveau étaient réunis et trouvaient ici leur accomplissement.

Lieux de loisirs populaires, les guinguettes constituaient un sujet de prédilection pour les peintres désireux de saisir de nombreux personnages en mouvement sous la lumière qui s'éparpille en taches claires à travers le feuillage. Renoir s'est attaché à exprimer la nonchalance des attitudes et la gaieté de l'ambiance. « Pour moi, disait-il, un tableau doit être une chose aimable, joyeuse et jolie, oui : jolie. Il y a assez de choses embêtantes dans la vie pour que nous n'en fabriquions pas encore d'autres. » Le tableau ne donne pas le sentiment d'avoir été composé ou ordonné.

Les personnages forment des groupes instables, coupés par les bords de la toile ; la touche est rapide et allongée, les coups de pinceau se fondent en souplesse. Tout cela donne l'impression d'une peinture improvisée à partir d'une vision instantanée. Mais cette spontanéité n'est qu'apparente : Renoir a consacré à cette œuvre tout l'été 1876.

Loin de partager l'enchantement qu'inspire au public d'aujourd'hui le *Bal du Moulin de la Galette*, les critiques de l'époque jugèrent ses audaces excessives. L'un deux écrivit : « Cela ressemble à des toiles fraîchement peintes, sur lesquelles on aurait répandu des flots de crème à la pistache, à la vanille et à la groseille. »

39

Claude MONET

1840 – 1926

Les *Cathédrales de Rouen*

(1892-1894) Avec cinq versions de
La cathédrale de Rouen, le musée
d'Orsay possède un exemple des
séries que Claude Monet a inaugu-
rées avec ses *Meules* en 1890 et qui se
fondent sur la représentation d'un
même motif transformé par le temps,
la lumière, l'heure et les saisons. La
série des *Cathédrales* comporte trente
œuvres. Pour les peindre, Monet a
occupé successivement plusieurs
appartements sur la place devant le
monument, les transformant en ateliers. Il avait plusieurs toiles en train
et y travaillait en fonction de l'heure
et de la lumière : le soleil se
lève derrière la tour Saint-
Romain à gauche et dessine
la silhouette de l'édifice ;
puis la lumière tombe en
cascade sur la façade,
l'éclairant progressivement
jusqu'au début de l'après-
midi où tout le bâtiment
semble scintiller. Enfin les
ombres montent du parvis,
tandis que les parties supé-
rieures sont éclairées par le

soleil couchant. À ces variations de la lumière s'ajoute le changement de point de vue, frontal ou oblique, de plain-pied ou plongeant. La même façade sous un angle différent semble bouger, se dissoudre, s'incliner vers l'avant ou vers l'arrière. Ce n'est pas l'architecture qui intéresse Monet, mais le jeu de la lumière sur la pierre.

Pendant ses deux séjours à Rouen, Monet s'est consacré totalement à son travail : « Chaque jour, j'ajoute et surprends quelque chose que je n'avais pas encore su voir. » Mais le doute l'assaillait souvent : « Hélas, je ne puis que répéter ceci : que plus je vais, plus j'ai du mal à rendre ce que je sens. »

Longtemps après son retour chez lui à Giverny, il refusa de montrer ses toiles, y travailla à nouveau jusqu'à la fin 1894, les signa et les data. En 1895, les trente œuvres furent exposées à la galerie Durand-Ruel avant d'être dispersées.

40

Auguste RENOIR

1841 – 1919

Jeunes filles au piano

(1892) En 1891, Renoir avait cinquante ans lorsque l'État, à l'instigation du poète Stéphane Mallarmé, décida de lui acheter une œuvre importante et récente. Il se mit au travail. Un proche racontera plus tard : « Je me rappelle le mal infini qu'il se donna pour exécuter la commande officielle d'un tableau qu'un ami bien intentionné s'était employé pour lui faire obtenir. Ce furent les *Jeunes filles au piano*. Renoir recommença cinq ou six fois ce tableau, presque identiquement chaque fois. Il suffisait de l'idée de commande pour le paralyser et le jeter en défiance de lui-même. » Il existe en effet six versions de ces *Jeunes filles au piano*, celle-ci étant la plus aboutie et, de l'aveu même de Renoir, peut-être trop travaillée.

Le sujet, une image douce et charmante d'un intérieur bourgeois, de même que la composition, sage et harmonieuse, n'étaient pas de nature à effaroucher un public choqué par l'impressionnisme à ses débuts. À cela s'ajoutait l'emploi de couleurs

chaudes et douces qui donnent un
ton doré à l'ensemble, bannissant
les ombres modelées en bleu qui
avaient valu à leur auteur de si vio-
lentes critiques vingt ans plus tôt.

41

Paul CÉZANNE

1839 – 1906

La maison du pendu

(1873) *La maison du pendu* était une des contributions de Cézanne à la première exposition impressionniste, organisée en 1874 en rupture avec le système du Salon officiel. Il s'agit d'une maison du village d'Auvers-sur-Oise où Cézanne était venu habiter deux ans plus tôt sur les conseils de son ami Pissarro. Les deux peintres travaillaient souvent ensemble dans la vallée de l'Oise, peignant les mêmes motifs. Sous l'influence de Pissarro, la manière de Cézanne évolua de façon décisive. Il ne renonça pas complètement aux sujets violents et voluptueux de ses débuts, mais le paysage s'imposa dans son œuvre et, avec lui, le choix d'une palette plus claire ainsi qu'une composition plus rigoureusement équilibrée.

Dans l'agencement puissant de *La maison du pendu* on peut reconnaître, autant que l'exemple de Pissarro, le souvenir de Courbet et de ses robustes paysages sans horizon. Le tableau possède aussi la saveur rustique, l'assise massive des maçonneries qu'il montre. Comme désertées, ces maisons, placées dans l'arrondi d'un chemin en pente, paraissent enracinées dans le sol mouvementé du paysage. Elles occupent presque entièrement l'espace, et la ligne d'horizon, haut placée, renforce la puissance de leur présence.

Les juxtapositions de couleurs étaient pour Cézanne le moyen d'exalter la forme en tant que volume et non de la décomposer dans la vibration de la lumière, comme le faisaient les peintres d'Argenteuil. C'est là que l'on sent toute la distance qui sépare Cézanne de l'impressionnisme, auquel il ne fut réellement lié que le temps des trois premières expositions, jusqu'en 1877.

42

Paul CÉZANNE

1839 – 1906

Pommes et oranges

(vers 1895-1900) Cette nature morte frappe par l'abondance des éléments qui la composent : la nappe aux plis cassés et creusés d'où émerge le compotier de fruits, la lourde draperie du fond, le pichet à fleurs qui fait une belle transition entre le drapé et l'ensemble formé par les fruits et les pans nacrés de la nappe.

L'œil suit avec bonheur les lignes complexes de cette composition dynamique. À la croisée des diagonales du tableau, près de l'assiette, la pomme, prête à tomber, semble l'épicentre d'un déséquilibre qu'elle communique à l'ensemble. Tout bascule en avant, la notion de profondeur s'estompe, aucune horizontale n'est sensible.

Cette nature morte, assez tardive dans l'œuvre de Cézanne, est plus complexe que celles qui l'ont précédée : l'espace n'y est plus structuré par la

table et le mur, qui ont disparu
pour laisser le champ à une nouvelle perspective montrant les
objets en vue plongeante et à partir
de plusieurs points de vue à la fois.
C'est ainsi que Cézanne ouvre la
voie au cubisme.

43

Paul Cézanne

1839 – 1906

La femme
à la cafetière

(vers 1890-1895) *La femme à la cafetière* est l'une des réalisations de Cézanne les plus curieuses dans le domaine du portrait. Le modèle est assis frontalement, à côté d'une table sur laquelle sont posées une cafetière et une tasse. Ses traits épais, son regard fixe, ses mains gauchement inactives indiquent qu'elle est une femme du peuple.

On ne connaît pas le modèle. D'ailleurs le peintre ne cherche pas à l'individualiser, ni à rendre ses sentiments ou ses émotions. Il privilégie les rapports géométriques entre la femme et les objets : la ligne verticale du pli central de la robe trouve un écho dans celle qui partage les deux lobes de la petite cuillère, de même que la robe et la cafetière sont partagées l'une et l'autre par une horizontale.

Ces analogies formelles accusent le caractère hiératique du personnage, l'impression de mystère et de force intérieure qui s'en dégage. Le portrait est ainsi traité comme une nature morte, et la figure acquiert une monumentalité spectaculaire. Pourtant, l'aplomb du personnage et la rigueur de cet intérieur sont combattus par l'irrégularité volontaire du réseau linéaire du fond. Rien n'est ici tout à fait droit, ni tout à fait d'équerre. Comme dans les natures mortes tardives, Cézanne ne craint pas d'introduire dans ses portraits les plus construits cette légère instabilité par laquelle s'exprime chez lui l'expérience toujours mouvante du réel.

44

Henri de TOULOUSE-LAUTREC

1864 – 1901

Panneaux pour la baraque de la Goulue à la foire du Trône à Paris

(1895) En 1895, Henri de Toulouse-Lautrec réalisa pour la Goulue, célèbre danseuse de quadrille qu'il avait connue au Moulin-Rouge à Montmartre, ces deux scènes destinées à décorer l'entrée de la baraque qu'elle louait à la foire du Trône. Il est miraculeux que ces deux toiles aient échappé à la destruction, non seulement parce qu'elles étaient, à l'origine, présentées en plein air, mais aussi parce qu'elles furent découpées plus tard en plusieurs fragments. Le puzzle, dont les marques sont encore visibles aujourd'hui, ne fut reconstitué qu'en 1930, avant d'être restauré.

L'un des panneaux évoque le passé de la Goulue au Moulin-Rouge : petite silhouette ronde et colorée, elle danse avec Valentin le Désossé, étrange pantin sombre et désarticulé. Autour d'eux, les habitués forment un cercle ; on reconnaît au fond l'extravagant chapeau à plume de Jane Avril, elle-même danseuse célèbre.

L'autre figure la danse mauresque, le nouveau spectacle que la Goulue présentait dans sa baraque de la foire du Trône. Les musiciens qui l'entourent portent turbans et costumes inspirés d'un Orient de pacotille. Parmi les spectateurs du premier plan, traités avec une verve caricaturale, se découpent le dos massif de l'écrivain Oscar Wilde, le chapeau de Jane Avril et le peintre lui-même, vu de dos, tout petit sous son chapeau melon.

45

Vincent Van Gogh

1853 – 1890

La chambre de Van Gogh à Arles

(1889) « J'ai fait [...] une toile [...] de ma chambre à coucher. Eh bien, cela m'a énormément amusé de faire cet intérieur sans rien. À teintes plates, mais grossièrement brossées, en pleine pâte, les murs lilas pâle, le sol d'un rouge rompu et fané, les chaises et le lit jaune de chrome, les oreillers et le drap citron vert très pâle, la couverture rouge sang, la table à toilette orangée, la cuvette bleue, la fenêtre verte. J'aurais voulu exprimer un repos absolu par tous ces tons très divers où il n'y a de blanc que la petite note que donne le miroir à cadre noir. »

Van Gogh écrivit cette lettre à son ami Gauguin qu'il invita, par ailleurs, à le rejoindre. Vincent était venu habiter Arles quelques mois plus tôt. Il y avait découvert la lumière du Midi. Ayant peint des toiles très sombres dans sa jeunesse hollandaise, sa palette s'était éclaircie lors de son séjour à Paris, sous l'influence des impressionnistes.

En Provence, il atteignit à la couleur la plus éclatante.

« J'aurais voulu exprimer un repos absolu. » La phrase de Van Gogh est empreinte d'une sorte de regret. C'est plutôt en effet une vision de solitude angoissée qui s'impose à travers le plancher qui s'incline et les murs qui semblent basculer.

Le séjour de Gauguin auprès de l'artiste se terminera dramatiquement : Vincent se mutilera l'oreille dans une crise de folie et demandera à être interné à l'hôpital de Saint-Rémy. Sa toile ayant été endommagée, il en réalisera deux copies, alors que cette chambre n'était plus pour lui qu'un souvenir. C'est la seconde que l'on voit ici.

46

Vincent VAN GOGH

1853 – 1890

Portrait de l'artiste

(1889) « Les portraits peints par Rembrandt, c'est plus que la nature, ça tient de la révélation », a écrit Van Gogh. Comme Rembrandt, il s'est fréquemment pris lui-même comme modèle : en dix ans de création, on ne compte pas moins d'une quarantaine d'autoportraits, celui-ci étant l'un des derniers.

Le visage blême et osseux se présente à nous de trois quarts gauche, ce qui fait ressortir les traits durs et anguleux, les pommettes saillantes, les joues émaciées, les yeux profondément enfoncés dans leurs orbites. Les nuances de bleu, de tonalité très claire, se répandent sur toute la surface du tableau, effaçant la distinction entre la figure et le fond, avec, en contrepoint, le roux de la barbe et des cheveux. L'immobilité du modèle s'oppose aux arabesques des longues touches de pinceau qui, telles des flammèches ondulantes, évoquent par leur rythme dynamique un monde d'hallucinations.

L'intensité implacable du regard est saisissante. Sa fixité dégage une profonde anxiété, accentuée par le vert maladif qui le cerne, mais il exprime en même temps une volonté, une puissance sans pareilles.

47

Vincent Van Gogh

1853 – 1890

L'église d'Auvers-sur-Oise, vue du chevet

(1890) Après son internement à
l'asile de Saint-Rémy-de-Provence,
Van Gogh revint dans la région
parisienne. Il s'installa à Auvers-
sur-Oise auprès du docteur Gachet,
spécialiste des maladies nerveuses,
mais aussi amateur d'art et ami des
impressionnistes. De Provence, Van
Gogh avait rapporté le souvenir de
la lumière méditerranéenne. Mais
alors que le soleil semble inonder
les abords de l'église et projeter
une ombre nette sur les chemins
du premier plan, le ciel, très foncé,
crée un effet de nocturne. « J'ai un
grand tableau de l'église du village,
un effet où le bâtiment paraît
violacé contre un ciel d'un bleu
profond et simple, de cobalt pur ;
les fenêtres à vitraux paraissent
comme des taches bleu outremer,
le toit est violet et en partie orangé.
Sur l'avant-plan, un peu de verdure
fleurie et du sable ensoleillé rose. »
Van Gogh choisit de représenter non la
façade de l'église mais son abside.
Le bâtiment est ainsi vu de dos, tout
comme la paysanne qui s'éloigne le

long du chemin tortueux qui se divise en fourche. Les coups de brosse sont épais et vigoureux, courts et hachés ; couleur et dessin deviennent indissociables.

Les formes tournoyantes, la couleur expressive et somptueuse transforment en un motif dramatique cette paisible église peinte un mois avant le suicide de l'artiste.

48

Henri ROUSSEAU

dit Le Douanier

1844 – 1910

La charmeuse de serpents

(1907) Dans un paysage calme et luxuriant se dresse l'énigmatique silhouette d'une femme à contre-jour. Cette sombre Vénus, au regard sans visage, attire à elle les oiseaux et domestique les bêtes sauvages de la forêt.

L'exotisme rêvé de cette jungle ne doit rien à un voyage dans un pays lointain. L'artiste tire son surnom de Douanier d'un emploi qu'il exerça quelques années à la barrière douanière de Paris. Bien qu'il ait prétendu le contraire, il semble n'avoir jamais quitté le pays. En fait, les modèles de ses nombreuses jungles ont souvent été choisis dans la capitale même, au jardin des Plantes ou au Muséum d'histoire naturelle.

Devenu célèbre à force d'être chaque année raillé dans la presse lors du Salon des indépendants, l'autodidacte retint l'attention de nombreux peintres et poètes, parmi lesquels Vallotton, Jarry et, plus tard, Picasso, Apollinaire ou encore

Robert Delaunay, qui persuada sa mère d'acheter *La charmeuse de serpents*. Les mêmes caractéristiques de l'art du Douanier qui choquent certains séduisent ses jeunes admirateurs : une inspiration fraîche qui transfigure les thèmes auxquels elle s'applique, des couleurs vives et franches, un dessin ferme et une composition puissante. Il n'est pas sûr, au demeurant, que l'artiste, avide de gloire et de reconnaissance, ait volontairement répudié les conventions de la peinture académique. On qualifia d'ailleurs la sienne de « naïve ».

49

Paul GAUGUIN

1848 – 1903

La belle Angèle

(1889)   À Pont-Aven, petit bourg de Bretagne où il s'était établi avec un groupe de peintres qui partageaient ses recherches, Gauguin entreprit le portrait d'Angèle Satre, la femme du maire du village. Ce n'est pas à une transcription fidèle de la physionomie de celle qui était connue dans toute la région comme « la belle Angèle » que le peintre s'attache. Rompant avec l'esthétique impressionniste, Gauguin cloisonne sa toile en espaces distincts. La figure d'Angèle est inscrite dans un cercle, sous lequel son nom est écrit en toutes lettres, comme s'il s'agissait d'une sainte d'icône. Vêtue du costume traditionnel breton qui l'enracine dans ses origines, Angèle semble aussi pétrifiée que la sculpture océanienne représentée dans la partie gauche du tableau. À l'arrière-plan, le papier peint japonisant introduit une troisième référence culturelle. Gauguin propose donc dans cette toile une synthèse entre trois conti-

nents et trois civilisations qu'il se
refuse à hiérarchiser.

L'œuvre ne fut pas du goût du modèle,
auquel l'artiste l'offrit : refusée par
Angèle, elle devait être acquise par
Degas, qui la considérait comme
un chef-d'œuvre.

50

Paul GAUGUIN

1848 – 1903

*Autoportrait
au Christ jaune*

(1889-1890) Cet autoportrait, peint par Gauguin en 1889, montre un artiste au visage tourmenté, à l'expression farouche, sur un fond occupé par deux de ses œuvres récentes. À gauche, le *Christ jaune*, à l'envers parce que reflété dans un miroir. On voit souvent en lui l'image de la destinée de l'artiste, sacrifié par les hommes et qui souffre pour eux. Mais ici, le Christ semble protéger Gauguin de son bras étendu et sanctifier ses créations.

L'autre œuvre, représentée à droite, est un pot en céramique. Le pot lui-même est un autoportrait de l'artiste, conservé au musée d'Orsay. Gauguin en parle comme d'une « figure calcinée [...] pauvre diable ramassé sur lui-même pour supporter la souffrance ».

Pris entre ces deux pôles que constituent le *Christ jaune* et le pot, le visage de l'artiste frappe par sa solidité et sa détermination.

Maurice Denis, qui acheta ce tableau, écrivit à son propos : « C'est d'abord une composition balancée : Gauguin, qui a mis tant de désordre et d'incohérence dans sa vie, n'en tolérait pas dans sa peinture. Il aimait la clarté, signe d'intelligence. »

51

Paul GAUGUIN

1848 – 1903

Arearea

(1892) Deux jeunes Tahitiennes sont assises au pied d'un arbre. L'une joue d'une flûte en roseau, l'autre l'écoute, l'air rêveur. Autour d'elles, de grands pans de vert et de vermillon, des plantes en forme d'arabesques, des taches de couleurs composent un paysage exotique baigné dans une atmosphère de torpeur un peu accablante. Au fond, trois femmes dansent devant une idole gigantesque. Les formes sont simplifiées, les couleurs imaginaires.

Au premier plan passe un chien rouge. Il a amusé ou horrifié les premiers spectateurs de la toile, mais il a fasciné les peintres fauves et valut à l'œuvre le surnom de *Chien rouge*. Pourtant Gauguin a écrit *Arearea* sur la toile, ce qui signifie « amusements » en polynésien, titre étrange en regard de la mélancolie qui s'en dégage.

Peinte en 1892, lors de son premier séjour à Tahiti, cette œuvre a été exposée l'année suivante à Paris. On lui reprocha alors l'étrangeté de sa technique. Il essaya de s'en expliquer : « C'est de la musique, si vous voulez ! J'obtiens par des arrangements de lignes et de couleurs, avec le prétexte d'un sujet quelconque, des symphonies, des harmonies ne représentant rien d'absolument réel au sens vulgaire du mot. »

Il fixait sur ses toiles son rêve de terre vierge, de paradis perdu, tout en notant dans son journal : « Mais tout cela n'existe pas. »

52

Georges SEURAT

1859 – 1891

Cirque

(1890-1891) *Cirque* est le troisième tableau que Seurat a consacré à des attractions populaires de la vie moderne. Comme Degas et Toulouse-Lautrec, il s'intéressait aux spectacles nocturnes, illuminés par l'éclairage électrique.

La surface de la toile est puissamment construite. À l'avant, la piste courbe est animée par une série de spirales et d'arabesques : celles de l'écuyère en équilibre instable sur son cheval, de l'acrobate qui voltige derrière elle, du fouet de Monsieur Loyal ou encore de l'habit de clown. À l'arrière, au contraire, règne l'angle droit avec les horizontales des gradins sur lesquels les spectateurs sont assis, raides comme des bonshommes de jeu de massacre. Ainsi est souligné le contraste entre la gaieté et l'excitation du spectacle et le calme un peu empesé des spectateurs. L'absence de profondeur est également flagrante : Seurat ne cherche pas à être réaliste, seule l'intéresse la combinaison des lignes. Les couleurs sont, elles aussi, soumises à un ordre rigoureux. Elles sont réduites à deux dominantes qui se renforcent mutuellement : le jaune-orangé chaud et le bleu-violet froid que l'on retrouve dans le cadre peint. Le noir est totalement absent alors que le blanc, accentué par l'inachèvement de la toile, s'impose avec force.

La touche en petits traits soigneusement appliqués accompagne le rythme des formes, en faisant vibrer la surface de la toile. Cette technique est caractéristique du divisionnisme dont Seurat était le maître.

53

Paul Signac

1863 – 1935

La bouée rouge

(1895) En 1892, au cours d'une croisière, Paul Signac découvre le petit port de Saint-Tropez et, séduit, y achète une maison. Le lieu lui inspirera de nombreuses œuvres, dont cette *Bouée rouge.*

Beaucoup de choses rapprochent ce tableau des œuvres des peintres impressionnistes : le choix du motif – les maisons le long du port, quelques voiliers et, au premier plan, la bouée qui donne son titre au tableau – tout comme le souci évident de traduire les jeux de lumière et d'ombre sur l'eau. Mais la technique d'application de la couleur diffère. Inventée par Seurat, elle participait dès l'origine au mouvement que l'on nomme néo-impressionniste ou divisionniste : au lieu de mélanger les couleurs sur la palette avant de les utiliser, le peintre juxtapose sur la toile des points de couleur pure ; c'est l'œil du spectateur qui opère le mélange et recompose la synthèse.

Cependant, entre les premières œuvres des années 1880 et cette *Bouée rouge* de 1895, Signac a élargi sa touche, qui évoque désormais une mosaïque. Comme il le dit lui-même, « la touche est proportionnée à la dimension du tableau ». Autre différence avec le travail des impressionnistes, il ne s'agit plus de rendre la spontanéité de l'impression première. Tout est minutieusement préparé ; Signac ne travaille pas directement sur le motif, mais en atelier à partir d'études faites d'après nature.

54

Henri MATISSE

1869 – 1954

Luxe, calme et volupté

(1904) Durant l'été 1904, Matisse séjourna à Saint-Tropez, chez le peintre Signac, son aîné, qui recevait chaleureusement de jeunes artistes. L'atmosphère de la toile est celle d'une pastorale antique dominée par la chaleur de la gamme colorée. Mêlant femmes au bain et déjeuner sur l'herbe, Matisse célèbre une nature évidemment méditerranéenne mais rêvée, librement retranscrite par une palette aux tons imaginaires. Le titre donné à l'œuvre contribue à ce dépaysement : il est emprunté à « L'invitation au voyage », un poème de Baudelaire inspiré par la Hollande, extrait des *Fleurs du mal* : « Là tout n'est qu'ordre et beauté, / Luxe, calme et volupté. » Peu de temps après avoir réalisé cette toile, que Signac conserva dans la salle à manger de sa demeure tropézienne, Matisse s'orienta vers une peinture plus large et plus synthétique.

55

Paul Sérusier

1864 – 1927

Le talisman

(1888) Pendant l'été 1888, Paul
Sérusier vint rejoindre à Pont-Aven,
en Bretagne, des amis peintres qui
logaient dans la même auberge
que Gauguin. Celui-ci accepta de
donner à Sérusier une brève leçon
de peinture dans le petit Bois
d'Amour, situé près de Pont-Aven.
Les conseils de Gauguin, rapportés
par le peintre Maurice Denis,
furent en substance ceux-ci :
« Comment voyez-vous les arbres ?
Ils sont jaunes, eh bien, mettez du
jaune ; cette ombre plutôt bleue,
peignez-la avec de l'outremer
pur. »
Lorsque Sérusier rentra à Paris avec
son petit panneau, il le montra à
ses amis. Ce fut une véritable révélation pour ce groupe de jeunes
artistes qui cherchaient une voie
différente de l'impressionnisme.
Ils souhaitaient retrouver le caractère sacré de la peinture et se nom-
maient « nabis », ce qui signifie
« prophètes » en hébreu. Maurice
Denis, le théoricien du groupe,
affirmait : « Se rappeler qu'un
tableau, avant d'être un cheval
de bataille, une femme nue, ou une

quelconque anecdote, est essentiellement une surface plane recouverte de couleurs en un certain ordre assemblées. » Et c'est bien ce qu'est ce petit panneau de bois représentant des arbres, un chemin, une maison, de l'eau, des reflets dans l'eau, le tout traité par des aplats colorés, sans modelé.

Denis et Bonnard, que rejoindront Vuillard et Vallotton, accrochèrent la peinture au mur de la salle où ils se réunissaient et qu'ils appelaient « le Temple ». Elle prit alors valeur d'icône et reçut bientôt le titre de *Talisman*, qui reflète bien l'importance qu'elle a dans l'histoire de l'art.

56

Salle des fêtes

La gare d'Orsay, qui devait être transformée en 1978 en musée destiné à exposer l'art de l'époque comprise entre 1848 et 1914, a été inaugurée à l'occasion de l'Exposition universelle de 1900. Ses structures métalliques souvent hardies, cachées sous un appareillage de pierre et de stuc, en font un bon exemple de l'architecture académique de la fin du XIXe siècle. Construite par l'architecte Victor Laloux, elle était doublée d'un hôtel luxueux qui l'enveloppait. Au premier étage du bâtiment se trouvaient de grandes salles de réception, notamment tout au long de la façade donnant sur la rue de Bellechasse, où est situé aujourd'hui le restaurant du musée d'Orsay.

La salle des fêtes de l'hôtel donne, elle, sur la Seine. Des lustres de cristal et des luminaires en forme de guirlandes y projettent une lumière vive, reflétée par d'immenses glaces. Une grande toile marouflée au plafond et quatre dessus de portes, commandés pour l'hôtel, témoignent encore aujourd'hui du luxe de l'établissement, prévu certes pour des voyageurs de passage mais aussi pour des fêtes parisiennes.

La salle des fêtes est utilisée désormais comme une salle du musée, où figurent quelques exemples de sculptures académiques du XIXe siècle. Il arrive aussi qu'on y donne des concerts.

57

Jean-Paul AUBÉ

1837 – 1916

Monument à Léon Gambetta

(1884) La IIIe République avait été proclamée par Gambetta en 1870, alors que les armées prussiennes venaient de battre celles de Napoléon III. Dans les années 1880, elle chercha à asseoir sa légitimité en lançant un vaste programme de monuments à la gloire des grands hommes et des idéaux républicains.

Après la mort de Gambetta, une souscription fut lancée pour ériger un monument en son honneur. Il s'agissait d'évoquer la double entreprise grâce à laquelle Gambetta était entré dans l'histoire : la fondation de la République et la défense nationale. Quatre-vingts projets furent proposés. Celui de l'architecte Boileau et du sculpteur Aubé remporta le concours.

Le monument connut une histoire mouvementée. D'abord installé dans la cour du Louvre, à l'emplacement de l'actuelle pyramide, il fut mutilé et plusieurs fois déplacé. Ce qui en reste est, depuis 1982, installé près de la place Gambetta.

Il présente un socle et un pylône sur la face principale duquel se détache la statue de Gambetta. Inspiré par le groupe de Rude sur l'arc de triomphe de l'Étoile, le grand homme semble inciter la Nation au suprême effort pour la défense de la patrie envahie. Le soldat blessé qu'il entoure de son bras gauche symbolise l'armée épuisée. À ses pieds, un adolescent se penche pour ramasser une arme. Un ouvrier au torse nerveux tient de ses deux mains la crosse d'un fusil. Sous le groupe, deux angelots encadrent la plaque de dédicace : « À Gambetta, la Patrie et la République. »

58

Fernand-Anne PIESTRE
dit CORMON
1845 – 1924

Caïn

(1880)

« Lorsqu'avec ses enfants vêtus de peaux de bêtes,
Échevelé, livide au milieu des tempêtes,
Caïn se fut enfui de devant Jéhovah [...] »

Ces trois vers de Victor Hugo accompagnaient le titre du tableau dans le livret du Salon de 1880. Cette toile monumentale montre Caïn, l'air sombre, la hache sacrilège fixée à la hanche, conduisant son clan vers un destin inconnu, fuyant la colère divine après le meurtre de son frère. Les ombres longues, le sol aride, le ciel bas composent un fond de désolation sur lequel se détachent les corps vigoureux.

Au-delà de sa dimension biblique et morale, cette œuvre plonge le spectateur au cœur de l'univers inquiétant de la vie primitive. Cormon s'est intéressé toute sa vie aux mystères de l'évolution humaine. Il est l'inventeur d'un genre : la représentation de la préhistoire en peinture. Réconciliant texte biblique et reconstitution anthropologique, il décrit avec précision des choses qui, faute de documents, ne peuvent être que réinventées. Il utilise pour cela les techniques propres à la peinture d'histoire, considérée dans la tradition comme un genre noble.

Ces références à la Bible ou à Victor Hugo, alors immensément populaire, cette rencontre entre l'imaginaire et les préoccupations scientifiques de l'époque ont assuré à l'œuvre un immense succès.

59

Édouard DETAILLE

1848 – 1912

Le rêve

(1888) Cette œuvre monumentale
remporta un succès éclatant et fut
largement popularisée à l'époque
par de multiples reproductions.
Elle exprimait en effet à la
perfection la conscience
patriotique des Français et leur
désir de revanche après la défaite
de 1870.

L'armée française, en bivouac, apparaît
ici pleine des promesses de l'aube
et de la victoire. Elle est jeune, bien
entraînée, bien équipée, comme le
montrent les faisceaux de fusils, et
bien commandée – les officiers sont
proches de la troupe. On les distingue au premier plan à gauche
grâce à leurs gants, leurs képis bro-
dés et leurs sabres fichés en terre.

Sous forme d'une apparition céleste, *Le
rêve* est un défilé dans les nuées des
armées de légende qui ont illustré
la gloire de la France depuis cent
ans. Passent successivement, repé-
rables à leur drapeau et à leurs uni-

formes, les armées depuis la Révolution jusqu'au second Empire.

Ce tableau cherchait à cautériser la blessure patriotique de 1870 en exaltant l'unité de la nation confiante dans son armée.

60

Jules DALOU

1838 – 1902

Grand paysan

(1889-1899) Le *Grand paysan* est un exemple de recherche réaliste en sculpture dans un style simple, dépourvu de grandiloquence. Le personnage regarde la terre où ses deux jambes sont comme plantées. Ses manches sont retournées, il va attaquer son ouvrage, « le front baissé, comme celui d'un bœuf de labour ».

Cette sculpture était destinée à un *Monument au travail* commencé en 1889, par lequel l'artiste voulait exalter la condition du travailleur. Dalou avait préparé de nombreuses études, mais le monument ne fut jamais exécuté. Comme son *Forgeron*, son *Grand paysan* témoigne de l'apparition, dans la sculpture, d'une préoccupation qui avait déjà des antécédents en littérature et en peinture : la représentation réaliste de personnes humbles figurées dans leur travail quotidien, mais élevées à la dimension de héros.

En cela, elle rompt totalement avec les conventions classiques qui régissaient la sculpture comme la peinture et consistaient à placer les paysans dans un contexte mythologique ou allégorique.

61

Sir Edward BURNE-JONES

1833 – 1898

La roue de la fortune

(1875-1883) Ce tableau représente le personnage allégorique de la Fortune, qui tourne une roue à laquelle sont attachés trois personnages : un esclave en haut, un roi au milieu et un poète en bas – images du destin des hommes, passant de la gloire à l'oubli, de la richesse à la pauvreté. « Ma *Roue de la Fortune* est une image vraie ; elle vient nous chercher chacun à notre tour, puis elle nous écrase », écrivit Burne-Jones.

Le nom de cet artiste est associé au préraphaélisme, un des premiers mouvements symbolistes, apparu en Grande-Bretagne en 1848 sous l'impulsion de Dante Gabriel Rossetti. La « confrérie des préraphaélites » affichait son rejet du réel et son désir de se rattacher à l'art gothique, à la peinture du xve siècle italien et à tout ce qui précède Raphaël. Cependant, Michel-Ange reste pour Burne-Jones une référence essentielle.

Dans ce tableau, le personnage de la Fortune s'inspire de la sibylle du plafond de la chapelle Sixtine. Quant aux nus masculins, ils reprennent les poses des esclaves mourants et des captifs sculptés par Michel-Ange. L'œuvre s'apparente d'ailleurs à un bas-relief ; les couleurs se limitent à un camaïeu de bruns pour la roue et les trois hommes et à un camaïeu de gris pour la figure monumentale de la Fortune, drapée dans une robe qui ressemble à une cuirasse. Cette peinture, achevée en 1883, fut exposée à Londres où elle rencontra un vif succès. Un peu plus tard, elle fut admirée en France par Puvis de Chavannes et ses contemporains.

62

Gustav KLIMT

1862 – 1918

Rosiers sous les arbres

(vers 1905) L'Autrichien Gustav Klimt transforme ici le paysage en une mosaïque composée d'un fourmillement végétal homogène occupant presque toute la surface de la toile. Les seuls éléments qui introduisent une variété dans cet ensemble sont les motifs parallèles formés par les rosiers et les troncs d'arbres. La mention discrète, à droite, d'un horizon placé très haut installe une profondeur, contrastant avec le feuillage à la fois très plat et très proche du spectateur.

Le goût de l'artiste pour le décor et l'ornementation est manifeste : le plan carré du tableau favorise son traitement à la manière d'une trame d'étoffe, par petites touches de couleurs. En même temps, la toile est animée d'une vitalité puissante, et la recherche de la vérité de l'atmosphère la rapproche de ce qu'avait été la préoccupation des impressionnistes.

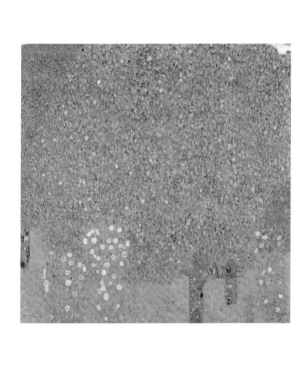

63

René LALIQUE

1860 – 1945

Flacon à odeur

(vers 1900-1902) René Lalique, d'abord connu comme joaillier, introduisit des éléments de verre dans ses bijoux lors des dernières années du XIXᵉ siècle, avant de devenir, sans doute stimulé par le succès de Gallé, un maître-verrier célèbre à partir de 1900.

Ce petit flacon à parfum est destiné à être porté sur soi. Le bouchon en or fondu et ciselé fait appel aux techniques de l'orfèvrerie. Le corps du flacon est réalisé en verre moulé à cire perdue, selon une technique mise au point par Lalique et empruntée à la sculpture en bronze : après avoir modelé une œuvre en cire, on l'enveloppe de terre réfractaire, puis on passe l'ensemble au four. La cire fond et coule ; on la remplace alors par du verre en fusion. Cette technique, simple dans son principe, est très compliquée dans sa réalisation, restée secrète. Elle produit une matière précieuse, évoquant le cristal de roche et convenant parfaitement à ce petit objet dont le décor est inspiré par la faune et la flore marines : des poissons sont incrustés dans le corps en verre, tandis que des algues animent le bouchon d'or.

Il n'existe que quelques exemplaires de flacons réalisés selon cette technique, destinés à une clientèle fortunée.

64

Odilon REDON

1840 – 1916

Ensemble de panneaux décoratifs

(1901) Ces douze panneaux peints par Odilon Redon en 1901 font partie d'un ensemble commandé à l'artiste pour la salle à manger d'un château privé. Leur puissance décorative rappelle les grandes compositions de Puvis de Chavannes ou celles d'Édouard Vuillard pour des intérieurs d'amateurs parisiens.

Mais il n'y a pas ici de sujet à proprement parler. La couleur éclate, dominée par le jaune choisi par le commanditaire. Des formes – vraies ou inventées – s'y dissolvent, proches du registre habituel de Redon mais dépourvues du sentiment d'inquiétude qui les habitait jusque-là.

« Je couvre les murs d'une salle à manger de fleurs, écrivit-il, fleurs de rêve, par grands panneaux traités avec un peu de tout, la détrempe, l'huile, le pastel dont j'ai un bon résultat en ce moment-ci. »

Cet ensemble décoratif est le premier d'une série qui devait occuper l'artiste jusqu'à la fin de sa vie.

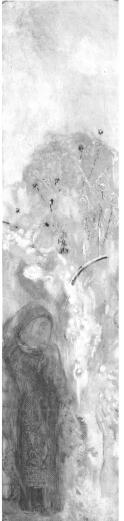

65

François-Rupert CARABIN

1862 – 1932

Bibliothèque

(1890) Pour répondre à la
commande d'un amateur, Carabin
travailla pendant près d'un an au
projet et à la réalisation de cette
bibliothèque, qu'il devait
considérer plus tard comme l'une
de ses créations mobilières les plus
abouties. La conception plastique
du meuble, orné de sculptures
taillées en ronde bosse, s'accorde
bien au lourd symbolisme qu'il
véhicule : près du sol sont réunies
les passions ennemies de l'Intelligence – l'Ignorance, la Vanité,
l'Avarice, l'Intempérance, la
Colère, la Bêtise et l'Hypocrisie –,
vaincues et rendues esclaves par le
livre, cependant que, tout en haut,
deux figures paisibles de la lecture
encadrent la Vérité.

Ennemi virulent de la production indus-
trielle du mobilier qui s'était géné-
ralisée à la fin du XIXᵉ siècle,
Carabin, ancien artisan, prônait le
retour au métier traditionnel. Les
jeunes créateurs de l'Art nouveau

partageaient son goût pour le bois naturel. Mais son recours à l'ornement et à la sculpture, poussés comme ici aux bornes de l'insolite, le distingue nettement d'artistes avant tout attachés à la fonctionnalité des meubles.

66

Émile GALLÉ

1846 – 1904

La main aux algues et aux coquillages

(1904) En 1904, Gallé acheva *La main aux algues et aux coquillages*. Alors que les trois cents ouvriers de son atelier de Nancy reproduisaient des modèles en série, Gallé continuait à créer des objets décoratifs exécutés à un très petit nombre d'exemplaires, pour lesquels il pouvait compter sur une petite équipe de souffleurs et de graveurs extrêmement compétente et fidèle.

Gallé a sans doute trouvé une source d'inspiration dans les découvertes récentes du monde sous-marin qui avaient révélé ce qu'il a appelé « les émaux et camées de la mer ». L'élément principal de l'œuvre est en cristal gravé, traversé d'inclusions. Il est rehaussé d'applications polychromes : les coquillages qui ornent la main comme des bagues et les algues qui l'enveloppent. L'épaisseur variable de la pâte de verre produit entre les parties opaques et les parties translucides un jeu qui évoque les profondeurs sous-marines. Gallé a-t-il pensé aux ex-voto de l'Antiquité ? A-t-il voulu évoquer les religions de l'Asie dont l'Europe redécouvrait les grands textes ? Ou bien le geste à la fois incantatoire et protecteur de cette main est-il lié à la situation de l'artiste qui, atteint par la maladie, réalisait sans doute là sa dernière création en verre ?

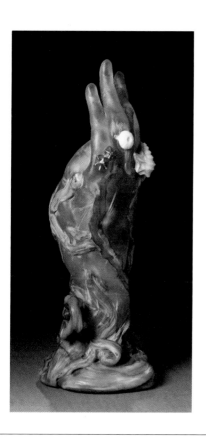

67

Hector GUIMARD

1867 – 1942

Banquette de fumoir

(1897) Hector Guimard, célèbre pour ses entrées du métro parisien, est également connu pour les immeubles et villas qu'il a dessinés. Architecte, il se préoccupait aussi de l'aménagement intérieur et du mobilier. Cette banquette s'accorde à l'architecture et se confond presque avec elle : la structure ornementale en bois, une sorte de liane qui la continue, est comparable à un lambris qui serait placé derrière elle ; dans un de ses bras se niche, accroché en hauteur, un petit placard vitré, prolongé par trois tiges qui soutiennent un toit.

Les usagers éventuels ont-ils été rebutés par l'étrangeté des motifs ou par la dissymétrie de l'ensemble ? La difficulté de juxtaposer un meuble tel que celui-ci avec d'autres, conçus selon des principes différents, explique peut-être le discrédit dans lequel tomba le mobilier Art nouveau après la Première Guerre mondiale.

68

Pierre BONNARD

1867 – 1947

Femmes au jardin

(1891) « Le paravent est démoli...
J'en ai fait quatre panneaux
séparés. Ils font bien mieux contre
un mur. C'était trop tableau pour

un paravent », écrivit Pierre Bonnard à sa mère à propos de ces *Femmes au jardin* en mars 1891. Quelques semaines plus tard, il présenta au Salon des indépendants ses quatre panneaux décoratifs.

L'artiste, qui avait alors vingt-quatre ans, participait activement à l'élaboration de l'esthétique des nabis avec le double souci de faire de l'art décoratif et de ne pas se limiter aux tableaux de chevalet. Ces *Femmes au jardin* constituaient le premier ensemble décoratif proprement nabi.

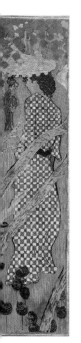

L'influence du japonisme y est évidente. En 1890, Bonnard avait pu voir une exposition consacrée à l'art japonais à l'École des beaux-arts de Paris. Il a emprunté aux artistes nippons le format en hauteur des kakémonos. Comme eux, il aplatit les formes et réduit ses personnages à des silhouettes plaquées sur un fond. Il ne donne aucun effet de profondeur, oppose valeurs claires et valeurs sombres, joue avec les arabesques et les lignes. *Femmes au jardin* justifie ainsi le surnom attribué à Bonnard de « Nabi très japonard ».

69

Henry Van de Velde

1863 – 1957

Écritoire

(1898-1899) Une impression de grande simplicité émane de cet *Écritoire* d'Henry Van de Velde. La matière de ce meuble complexe – du bois naturel – n'est en effet pas travestie par un revêtement de marqueterie ou par une teinte nettement différente de celle du chêne.

De plus, son ornementation très sobre s'inscrit tout entière dans sa forme, et semble conçue pour confirmer celle-ci. Ainsi les poignées de bronze doré des tiroirs renvoient-elles symétriquement au centre du meuble, à son cœur, à son principe même. Alors qu'à la fin du XIXᵉ siècle bien des meubles supportaient encore un habillage lourd et virtuose sans rapport plastique avec leur forme, pour Van de Velde, comme pour beaucoup des meilleurs créateurs de l'Art nouveau, forme et décor ne font qu'un. Cette tendance vers une plus grande pureté devait bientôt marquer l'évolution du mobilier comme celle de l'architecture.

70

Alexandre CHARPENTIER

1856 – 1909

Salle à manger

(1900-1901) Cette salle à manger, commandée à Charpentier par un banquier pour sa maison de campagne, offre l'exemple d'une étroite collaboration entre les représentants des différentes spécialités des arts décoratifs pour la constitution d'un ensemble homogène.

Les panneaux de bois, sculptés de plantes grimpantes, intègrent deux consoles-dessertes, deux argentiers situés dans les angles et une grande vasque en grès, œuvre du céramiste Bigot, qui a également réalisé la frise des carreaux recouvrant le haut des murs. À ces éléments s'ajoutent la table, ainsi qu'un mobilier aujourd'hui disparu de vingt-quatre chaises, un lustre et des appliques.

La conception du décor comme un projet global et cohérent était un des traits dominants de l'Art nouveau, qui réagissait contre la juxtaposition d'éléments et de styles très variés, caractéristique de ce qu'on a appelé l'éclectisme.

L'ampleur d'une telle réalisation permet de comprendre que l'Art nouveau devait bien souvent rester réservé à une clientèle privée constituée de riches mécènes.

71

Auguste Rodin

1840 – 1917

La Pensée

(1886-1889) *La Pensée* a été modelée par Rodin en 1886, puis, conformément à la pratique de l'époque, taillée dans le marbre par un praticien. L'artiste avait déjà traité le sujet en créant son très célèbre *Penseur*, où l'essentiel était dans la posture : le corps herculéen tout entier exprimait la réflexion avec une puissante intensité dramatique.

Rien de tel dans cette petite sculpture de marbre, à la fois forte et délicate. Camille Claudel, élève et amante de l'artiste, en a été le modèle. La tête est jeune, les traits délicats. Elle est penchée en avant, dans l'ombre, sans que l'on puisse croiser son regard. Rien de tragique ici, elle est comme plongée dans une rêverie, jusqu'à devenir elle-même cette pensée rêveuse. C'est pourquoi on a pu qualifier cette statue d'œuvre symboliste : elle est comme le symbole de la pensée émergeant de la matière brute, figuré par un fort contraste entre le visage poli et la gangue d'où il émerge.

72

Camille CLAUDEL

1864 – 1943

L'âge mûr

(1899-1903) L'écrivain Paul Claudel a vu dans cette œuvre de sa sœur Camille le résumé du drame de la vie de celle-ci : « Cette jeune fille nue, c'est ma sœur. Ma sœur Camille, implorante, humiliée, à genoux. Et savez-vous ? ce qui s'arrache à elle en ce moment même sous nos yeux, c'est son âme. » La sculpture représenterait en fait sa rupture avec Rodin. Camille se penche en avant pour tenter de retenir son amant ; mais Rodin est emporté par sa vieille compagne, Rose Beuret, qu'il n'a jamais voulu quitter.

La composition du groupe est asymétrique, et ce déséquilibre souligne le vide qui se fait entre les mains de la jeune femme et celle de son amant. Celui-ci s'est déjà détourné d'elle ; son mouvement, son corps qui accuse les atteintes de l'âge, son visage aux traits brouillés, tout exprime une résignation impuissante. Quant à Rose, elle est représentée en vieille femme décharnée à laquelle la lourde draperie volant sur les épaules confère un aspect d'ange de la mort.

Le groupe porte d'ailleurs parfois le titre *Les âges de la vie* car, au-delà du drame personnel de Camille, on peut voir ici la vieillesse qui emporte avec elle, malgré les supplications de la jeunesse, un homme d'âge mûr vers son destin.

Le groupe a été exécuté en 1899, peu après la rupture entre Rodin et son élève. Les années suivantes seront pour Camille comme une lente descente aux enfers qui la conduira à la folie et à l'internement, de 1913 jusqu'à sa mort en 1943.

73

Auguste RODIN

1840 – 1917

Porte de l'Enfer

(1880-1917) En 1880, l'État
commanda à Rodin une porte
monumentale pour un musée des
arts décoratifs qui devait être édifié
à l'emplacement actuel du musée
d'Orsay. Il ne sera jamais construit,
mais Rodin travailla jusqu'en 1917
à la *Porte de l'Enfer*. L'espace tout
entier est occupé par un fond
tourmenté de personnages
qui surgissent du néant ou y
retournent, comme happées par
un perpétuel tourbillon. Inspirées
par la *Divine Comédie* de Dante,
quelque deux cents figures
de damnés s'enchevêtrent
et s'engendrent les unes les autres
dans cet univers d'épouvante.
La plupart d'entre elles ont connu
une existence indépendante, tantôt
antérieure, tantôt postérieure à
leur utilisation dans la *Porte*.
Au sommet, les *Trois ombres*
reprennent la silhouette d'Adam,
sous trois angles différents, leur
bras gauche pointé vers le sujet
principal de l'ensemble :
Le penseur. Celui-ci contemple
le tournoiement vertigineux et
la chute dans l'espace de cette

humanité déchue. Derrière lui, la foule des damnés du premier cercle de l'enfer. Sur la partie gauche de la porte, en bas, on retrouve les amants tragiques, Paolo et Francesca. Au-dessus, Ugolin au milieu de ses enfants représente l'homme dégradé par la souffrance. La *Porte de l'Enfer* fut constamment reprise par Rodin qui, pendant trente-sept ans, ajouta, déplaça ou brisa les fragments qu'il assemblait peu à peu. Il recherchait l'expressivité des corps, obtenant de spectaculaires effets d'ombre et de

lumière en usant tour à tour de la fluidité ou de la brutalité du modelé. Cette œuvre de grande envergure est restée inachevée. « Et les cathédrales, disait Rodin, est-ce qu'elles sont finies ? »

74

Auguste RODIN

1840 – 1917

Ugolin

(1882-1906) Dans la *Divine Comédie*, Dante relate le châtiment infligé, au XIIIe siècle à Pise, au comte Ugolin. Après avoir trahi le parti des Gibelins, il est enfermé avec ses enfants et condamné à mourir de faim. Ceux-ci ayant succombé avant lui, il dévore leurs cadavres, ce qui lui vaut la damnation.

En 1862, Carpeaux avait représenté Ugolin assis, entouré de ses enfants et se mordant les doigts de désespoir.

Rodin s'est attaché à un épisode plus avancé de l'histoire : celui où les enfants d'Ugolin gisent inertes autour de lui. « Moi, déjà aveugle, de l'un à l'autre à tâtons j'allais : trois jours je les appelais après qu'ils furent morts. [...] Puis, plus que la douleur, puissante fut la faim. »

Rodin traduit le drame par le visage hagard du père aveugle, soulignant son impuissance et son désespoir alors qu'il perd toute dignité humaine avant de sombrer dans la bestialité.

75

Auguste RODIN

1840 – 1917

Balzac

(1897) La Société des gens de lettres voulait élever un monument à la mémoire de Balzac : elle le commanda à Chapu, mais celui-ci mourut peu après. Zola obtint alors que la commande soit attribuée à Rodin.

Six années durant, l'artiste a multiplié les recherches. Il a exécuté notamment une étonnante série de nus dont les formes souvent exagérées cherchent à rendre compte de la puissance du génie balzacien. Le sculpteur Pompon, qui travaillait dans son atelier, raconta : « Il a voulu faire une borne et mettre une tête dessus. Il a d'abord fait une magnifique étude de nu. Lorsqu'il eut terminé, Rodin trempa sa robe de chambre dans une grande bassine de plâtre et habilla ainsi son étude. Je trouve cela très beau. »

La statue est, selon Élie Faure, « pareille à ces menhirs que les forces élémentaires semblent dresser sur nos chemins ». De fait, avec ces lignes du vêtement qui conduisent à une tête immense, l'œuvre est un symbole presque abstrait de la puissance du romancier. En rupture complète avec la tradition du monument public, elle causa un tel scandale que la commande fut retirée à Rodin. Ce n'est qu'en 1939 qu'un tirage en bronze de la statue fut érigé à Paris, boulevard Raspail.

76

Émile-Antoine BOURDELLE

1861 – 1929

Héraklès tue les oiseaux du lac Stymphale

(1909) Émile Bourdelle, ancien disciple de Rodin, renoua avec la représentation des personnages mythologiques. Cette statue en bronze doré est son œuvre la plus célèbre. Elle représente l'un des douze travaux d'Hercule (Héraklès en grec) : Eurysthée avait demandé à Héraklès de détruire les oiseaux dont la multitude menaçait le pays environnant. Le héros les abattit de ses flèches.

Lorsqu'elle fut présentée au Salon de 1910, l'œuvre fit sensation. La critique nota la hardiesse et la tension de la figure. « Le mouvement d'une incroyable audace de cet athlète en équilibre dans l'air, appuyé à la crête d'un roc, cette humanité qui semble bondissante dans l'immobilité même, ces modelés sommaires et justes, pleins, vibrants, c'est une des plus prodigieuses tentatives de l'art vivant. »

On parla aussi beaucoup de la tête, « âpre et terrible, qui exprime la résolution farouche et le calcul avisé, tête de conquistador cruel et cupide ». On loua enfin la simplicité de l'œuvre : « Devant cet admirable *Hercule* [...] on n'a pas besoin de se mettre l'esprit à la torture pour comprendre. »

77

Aristide MAILLOL

1861 – 1944

Méditerranée

(1905) « Elle est belle, elle ne signifie rien ; c'est une œuvre silen-
cieuse. Je crois qu'il faut remonter
loin en arrière pour trouver une
aussi complète négligence de toute
préoccupation étrangère à la
simple manifestation de la beauté. »
C'est ainsi qu'André Gide, dans son
compte rendu du Salon d'automne
de 1905 où Maillol présenta le
plâtre de la *Méditerranée*, rendit
hommage à ce sculpteur encore
inconnu, dont ce fut le premier succès. Après avoir pratiqué la peinture et la tapisserie, Maillol s'était
tourné vers la sculpture à l'âge de
quarante ans car la cécité le menaçait.

Cette femme assise dans une pose
méditative est sa première grande
sculpture. À la fois sereine et grave,
close sur elle-même, elle présente
un équilibre entre les masses qui
donne une parfaite stabilité à l'ensemble. Le corps immobile s'inscrit
dans un cube, les formes sont lisses
et pleines, les rythmes souples, et
les volumes ont des courbes har-

monieuses. En opposition à l'art de Rodin, tourmenté et tumultueux, Maillol simplifie le modelé à l'extrême, recherchant le calme et la plénitude.

C'est en 1923 que l'État a commandé la version en marbre exposée au musée d'Orsay.

78

François POMPON

1855 – 1933

Ours blanc

(1922-1923) L'*Ours blanc* est probablement l'œuvre la plus connue de François Pompon. Elle marqua le début de son succès, au Salon d'automne de 1923, alors qu'il avait déjà soixante-sept ans. Les commandes affluèrent et l'on fabriqua jusqu'en 1933 des *Ours blancs* de toutes tailles et dans toutes sortes de matériaux : en biscuit, en porcelaine, en bronze, en marbre ou en pierre, comme celui-ci.

François Pompon appartenait à la Société des sculpteurs animaliers. On raconte qu'au jardin des Plantes, il suivait les animaux dans leurs déplacements et qu'il en modelait le mouvement immédiatement dans la terre, sur un petit établi qu'il portait autour du cou. Il travaillait ensuite ces esquisses dans son atelier. Il éliminait alors tous les détails, poils ou plumes, en grattant la surface pour ne garder que des formes lisses et simples, sur lesquelles la lumière pouvait glisser. Cet *Ours blanc*, lourd et massif, semble découpé d'une seule pièce dans un bloc de glace. Il rentre tout entier dans un contour que l'artiste aurait dessiné d'un trait continu. Pompon disait : « C'est drôle, un animal n'a pas de bout. Cela veut dire [...] qu'il faut boucler son contour, l'enfermer dans sa propre forme. »

79

Maurice DENIS

1870 – 1943

Les Muses

(1893) Ces jeunes femmes, réunies sous des marronniers, n'ont, malgré le titre du tableau, rien de mythologique. Les coiffures et les vêtements sont résolument contemporains, le décor est un jardin public avec ses chaises en fer. D'ailleurs, on ne peut identifier toutes les Muses. Tout au plus peut-on reconnaître, dans le groupe du premier plan, vêtue de noir, Melpomène, la Muse de la tragédie, et, occupée à tailler son crayon, Calliope, la Muse de la poésie épique.

L'extrême ressemblance entre les personnages est frappante : pour les peindre, Maurice Denis s'inspira en effet de Marthe, sa jeune femme, « sa » muse. Le traitement des figures accentue encore cette similitude : chacune d'elles est cernée par un contour régulier, à la ligne simplifiée.

Les arbres, de même que les feuilles qui jonchent le sol, sont également stylisés. Les couleurs profondes et mates, l'atmosphère douce et mystérieuse accentuent le caractère décoratif de l'œuvre.

80

Pierre BONNARD

1867 – 1947

La partie de croquet
ou Crépuscule

(1892) Dans la touffeur verte de ce jardin familial, l'œil distingue d'abord quelques formes claires : l'homme et la femme sur la gauche avec le chien, les jeunes filles dansant une ronde plus loin sur la droite et les couleurs du soleil couchant à travers les arbres. En réalité, il y a, à gauche, quatre personnages, car un homme et une femme en vêtements quadrillés émergent de l'ombre comme des vignettes collées sur le décor végétal du fond.

Deux scènes sont donc juxtaposées, étrangères l'une à l'autre. À gauche, les joueurs de croquet, statiques, sont traités en frise décorative, comme des silhouettes sans épaisseur. À droite, les jeunes filles, formes mouvantes et ondulantes, sont traitées en aplats de couleurs.

De l'un à l'autre groupe, le point de vue change, les perspectives sont multiples : nous sommes au-dessus des buissons du premier plan, mais en contrebas de l'espace où tournoient les jeunes filles. Cet agencement de plusieurs points de vue est inspiré de l'art japonais, que les nabis connaissaient bien ; l'influence japonaise se manifeste aussi dans le traitement des silhouettes féminines et dans la façon dont les buissons sont coupés par le bord inférieur de la toile. Maurice Denis écrivit à ce propos : « M. Bonnard japonise de façon très personnelle. » Par le l'importance primordiale qu'il accorde à l'aspect décoratif, ce tableau illustre parfaitement l'esthétique des nabis.

81

Édouard Vuillard

1868 – 1940

Jardins publics

(1894) Ces cinq panneaux font partie d'un ensemble de neuf, aujourd'hui dispersé. Ils ont été commandés à Vuillard en 1894 par Alexandre Natanson, directeur de *La Revue blanche*. Cette publication, fondée à la fin du XIXᵉ siècle, a soutenu divers mouvements artistiques et littéraires d'avant-garde, notamment celui des nabis dont Vuillard faisait partie.

Le peintre ne s'est référé ici à aucun jardin public en particulier, mais a plutôt réalisé une synthèse de ses impressions du bois de Boulogne, du parc de Saint-Cloud et du jardin des Tuileries. Héritier de Puvis de Chavannes pour l'ampleur de la composition murale et de Monet pour la sensation de plein air, Vuillard s'est aussi inspiré des estampes japonaises dans le format très allongé de ses panneaux. Chacun peut être regardé comme une composition indépendante, mais aussi comme un élément d'un tout. Pour accorder son œuvre à la lumière de la pièce où elle devait prendre place, Vuillard a utilisé une peinture à la colle qui donne un reflet mat, proche de la fresque.

Félix VALLOTTON

1865 – 1925

Le ballon

(1899) Sur une esplanade ensoleillée, un enfant court après un ballon rouge ; sa silhouette se découpe sur le sable en quelques aplats colorés. Derrière, dans l'ombre dense d'un parc, deux minuscules formes féminines apparaissent dans un mince rayon de lumière.

La scène est énigmatique : les femmes paraissent lointaines, suggérant une grande profondeur de l'espace. Pourtant la perspective semble absente. Pour ce faire, Vallotton a utilisé deux moyens : d'une part il a adopté un point de vue plongeant sur le premier plan, au-delà duquel le sol se redresse jusqu'à une ligne d'horizon placée assez haut, et d'autre part il a chassé le ciel de sa composition, s'obligeant à faire coïncider la scène avec le plan de la toile : le tableau est une surface plane. Deux ans plus tôt, Vallotton avait été conforté par les nabis dans son aspiration à travailler dans un style décoratif.

Les formes, dans cette toile, sont simplifiées à l'extrême et traitées en
masses colorées. Mais au-delà du
souci décoratif, on sent déjà une
évocation d'atmosphère qui amè-
nera l'artiste à évoluer, dans les
œuvres suivantes, vers des paysages magiques animés de forces
obscures.

sens de la visite

rez-de-chaussée
niveau supérieur
niveau médian

---

accès

↗ montée

↘ descente

escalator

escalier

ascenseur
pour handicapés

domaines

sculpture

peinture

architecture

arts décoratifs

les Dossiers
du Musée d'Orsay

---

services

toilettes

vestiaire
pour individuels

vestiaire
pour groupes

téléphone

boîte aux lettres

change

audioguide

comptoir
d'accueil

numérotation des salles

59   les numéros, figurant
sur ce plan, sont reportés
sur les panneaux de salles
dans le musée

rez-de-chaussée

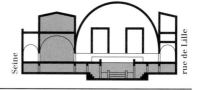

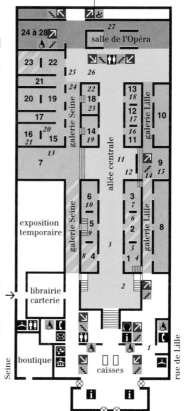

montée directe
vers le niveau
supérieur

Les numéros en *italique* correspondent
aux œuvres de ce guide

entrée et sortie du musée

niveau supérieur

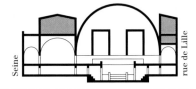

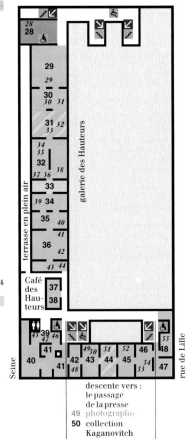

descente vers :
le passage
de la presse
49 photographie
50 collection
Kaganovitch

Les numéros en *italique* correspondent
aux œuvres de ce guide

niveau médian

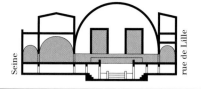

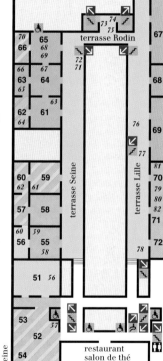

Les numéros en *italique* correspondent aux œuvres de ce guide

Crédits photographiques :
Réunion des musées nationaux
(D. Arnaudet, M. Bellot, G. Blot,
H. Lewandowski, R. G. Ojéda)

Publication du département
du livre et de l'image dirigé
par Anne de Margerie

Coordination éditoriale :
Claire Barbillon et Jérôme Picon,
Service culturel, musée d'Orsay
Céline Julhiet-Charvet, Réunion
des musées nationaux

Conception graphique :
Cécile Neuville

Conception graphique des plans :
Cécile Le Trung, Cyril Lebrun,
musée d'Orsay

Fabrication :
Jacques Venelli

Documentaliste :
Frédérique Kartouby

Ont collaboré à la rédaction :
Claire Barbillon
Joëlle Bolloch
Stéphane Guégan
Nicole Hodcent
Françoise Le Coz
Laurence Madeline
Jérôme Picon
Anne Pingeot
Nicole Savy
Pierre Sesmat
Frédéric Sorbier
Araxie Toutghalian

Cet ouvrage a été achevé
d'imprimer en avril 1996 sur les
presses de l'imprimerie Kapp
Lahure Jombart à Évreux, d'après
la saisie de Gilles Gratté.
Les illustrations ont été gravées
par Dry à Montreuil-sous-Bois.

Remerciements :
Sycomore

Dépôt légal : avril 1996
GG 10 3387